聰明人都在投資

ETF

穩陣過股票
靈活過基金

自製基金組合
隨時買賣

用主題ETF錢滾錢 狠賺全球波段

看完就學會 人人係大師

聰明人都在投資 ETF

作　　者：香港財經移動研究部

出　　版：香港財經移動出版有限公司

地　　址： 香港柴灣豐業街 12 號啟力工業中心 A 座 19 樓 9 室

電　　話：（八五二）三六二零 三一一六

發　　行：一代匯集

地　　址：香港九龍大角咀塘尾道 64 號龍駒企業大廈 10 字樓 B 及 D 室

電　　話：（八五二）二七八三 八一零二

印　　刷：美雅印刷製本有限公司

初　　版：二零二三年六月

如有破損或裝訂錯誤，請寄回本社更換。

免責聲明

本書僅供一般資訊及教育之用途，並不擬作為專業建議或對任何投資計劃的具體推薦。本書的出版商、作者以及參與創作本書的任何其他人士、機構於提供的信息的準確性、可靠性、完整性或及時性不作任何陳述或保證。金融市場瞬息萬變，本書的信息隨時發生變更，我們不能保證讀者使用時是最新的。

我們已竭力提供準確的信息，對於因提供的信息中的任何錯誤、不準確之處或遺漏，或基於本書中提供的信息而採取或不採取的任何行動，我們概不負責。讀者有責任自行研究並在進行投資計劃之前自行評估核實。本書的出版商、作者對因使用本書中提供的信息而可能導致的任何損失、不便或其他損害概不負責。

目錄

序

在金融市場中，ETF（交易所交易基金）是強大的投資工具，讓投資者能夠有效地在各種市場環境中實現他們的財務目標。然而，要充分利用 ETF的優勢，我們需要理解它們的工作原理，以及如何將它們融入我們的投資策略。這就是我們寫作《聰明人都在投資 ETF》的原因。

本書的目標是提供一個全面的 ETF投資參考資源，既適合剛剛開始投資的初哥，也適合經驗豐富的投資者。我們將從基本概念開始，解釋什麼是 ETF，它是如何運作，以及如何與其他投資工具相比。我們還會探討如何選擇和使用 ETF，包括評估其好處和風險、理解其費用結構，以及如何將它們融入個人的投資策略。

我們將介紹 ETF的基本概念和結構，解釋它們是如何創建和贖回的，以及這些過程如何影響 ETF的價格和流動性，然後探討 ETF的各種類型，包括股票 ETF、債券 ETF、商品 ETF和國際 ETF。我們還將討論 ETF的價格是如何決定的，以及這對投資者的意義。

我們還會比較 ETF與其他投資工具，如股票、債券、互惠基金和期貨，討論每種工具的優點和缺點，以及它們在投資組合中的角色。

本書提供了全球主要的 ETF市場的概覽，包括美國、歐洲、亞洲和新興市場。我們將討論這些市場的特點，以及它們對 ETF投資者的意義。我們還會討論全球 ETF市場的趨勢和發展，包括市場規模、新興的 ETF類型和策略，以及監管環境的變化，以及這些趨勢如何影響 ETF投資者，又如何利用這些趨勢來改進個人的投資策略。

在如何選擇 ETF方面，我們將討論如何評估 ETF的性質、理解其費用結構，以及如何考慮 ETF的流動性和追蹤誤差。我們還提供了一些實用的工具和資源，以幫助投資者做出明智的選擇。

本書也討論了 ETF投資策略和風險管理，探討如何使用 ETF來實現長期投資目標，如何使用 ETF進行短期交易，以及如何使用 ETF來避險和組合多元化投資。我們也討論了如何管理與 ETF投資相關的各種風險，包括市場風險、利率風險、貨幣風險和信用風險。

我們在書中提供了一個應用的框架，幫助個人建立一個全球 ETF投資組合，包括如何設定投資目標，選擇適合的 ETF，以及如何監控和調整投資組合。最後，本書提供了一些真實案例來展示 ETF投資的實際應用，分析了一些成功和失敗的ETF投資案例，從中提取出一些經驗和教訓。

香港財經移動研究部

第一部分
ETF 基礎知識

第一章
ETF 的定義與起源

1.1 什麼是 ETF？

　　ETF，全稱為 Exchange Traded Fund（交易所交易基金），是一種在證券交易所上市交易的開放式指數基金。其結構與傳統的共同基金相似，但交易方式更接近股票。ETF發行商是指發行 ETF產品的公司或機構，通常是一些大型的資產管理公司或證券投資信託事業。ETF發行商的主要職責是設計 ETF的投資目標、策略、成分和費用，並與授權參與者（AP）合作，透過創建和贖回的機制，調節 ETF的供需平衡，維持 ETF的市場價格與淨值之間的一致性，以及維持 ETF的市場流動性和價格效率。

　　根據資料，全球最大的三家 ETF發行商分別是：

　　貝萊德 BlackRock：旗下有 iShares系列 ETF，佔全球 ETF市場的 39%。

　　先鋒 Vanguard：它是全球第一隻追蹤標準 500指數的指數型基金的發行商，佔全球 ETF市場的 26%。

　　道富 State Street：旗下有 SPDR系列 ETF，佔全球 ETF市場的 17%。

　　這三家發行商共佔據了全球 ETF市場的 82%。

　　ETF的創建是指授權參與者向發行商申請創建一定數量的 ETF單位，並向發行商提供相應的現金或成分股。發行商根據申請，向授權參與者發行相同數量的 ETF單位，並將現金或成分股納入 ETF的資產組合。授權參與者可以將創建的 ETF單位在二級市場上出售，以滿足投資者的需求。

ETF的贖回是指授權參與者向發行商申請贖回一定數量的 ETF單位，並將相應數量的 ETF單位交付給發行商。發行商根據申請，向授權參與者支付相同價值的現金或成分股，並將相應數量的 ETF單位從流通中撤銷。

授權參與者可以在二級市場上購買需要贖回的 ETF單位，以獲取現金或成分股。授權參與者是指與 ETF發行商簽訂協議的金融機構，通常是大型銀行或券商，具有創建和贖回 ETF單位的權利。授權參與者可以根據 ETF的市場價格和淨值之間的差異，透過申購和贖回的機制，維持 ETF的市場流動性和價格效率。授權參與者不一定是 ETF的投資者，而是以賺取價差為目的的中介者。

創建、贖回、授權參與者的概念和關係可以用以下的例子來說明：

假設有一個 ETF發行商，它發行了一個追蹤台灣 50指數的 ETF，名為 T50。這個 ETF的成分股就是台灣 50指數中的 50家公司的股票，按照指數權重分配。

然後 AP需要將一定數量（通常是 500張或 50,000股）的成分股按照比例組合成一個創造單位（Creation Unit），並交給 ETF發行商，換取相同數量的 ETF單位。這個過程可以用實物或現金進行，視乎 ETF發行商的規定。

再假設 T50的市場價格是每股 100元，而其淨值是每股 98元，那麼 AP可以用市場價格買入成分股，然後用實物創建 T50的單位，並在市場上以高於淨值的價格賣出 T50的單位，從而賺取價差。

又例如，假設 T50的市場價格是每股 100元，而其淨值是每股 102元，那麼 AP可以用市場價格買入 T50的單位，然後用實物贖回成分股，並在市場上以高於市場價格的價格賣出成分股，從而賺取價差。

通過創建和贖回的機制，AP可以調節 ETF的供需平衡，使其市場價格接近其淨值。同時，AP也可以利用折溢價的空間來獲取無風險利潤。

ETF通常由一個或多個資產管理公司（如 State Street Global Advisors）創建和管理。這些公司會創建一個基金，並向投資者出售基金的股份。每一個 ETF都有一個特定的投資目標，例如追蹤某個股票指數、債券市場、商品價格或者其他資產類別。每一份ETF都代表了基金資產的一部分所有權。這種結構使得 ETF可以提供廣泛的投資選擇，並且可以靈活地應對市場變化。這種多元化的特性可以分散風險，避免過度依賴單一資產或市場。此外，由於 ETF的組合通常是根據某個指數來配置的，因此投資者可以通過購買一個 ETF，來輕鬆地投資於對整個市場或是特定的市場領域。

與傳統的共同基金不同，ETF的股份可以在交易所上市交易，就像普通的股票一樣。投資者可以在交易時間內隨時買賣 ETF的股份，而不需要等到市場收盤時才能交易。此外，ETF的價格會在交易時間內不斷變動，反映了其資產價值的變化。

ETF具有許多優點，包括靈活性高、費用低、透明度高等。由於 ETF可以在交易所上市交易，投資者可以隨時買賣 ETF的股份，並且可以使用各種股票交易策略，如限價單、停止單、短賣等。此外，ETF的費用通常比傳統的共同基金低，因為大多數 ETF都是被動管理的，並且不需要進行頻繁的買賣交易。最後，ETF的透明度也很高，因為 ETF每天都會公開其持有的資產，投資者可以隨時查看ETF的資產組成。

ETF是一種靈活、多元化且透明的投資工具，它可以幫助投資者實現各種投資目標，並且可以適應不同的市場環境。在接下來的章節中，我們將進一步探討 ETF的運作方式，並且將深入研究如何有效地利用 ETF進行投資。

1.2 ETF的歷史與起源

1993年美國的 State Street Global Advisors推出了全球第一只 ETF，名為 SPDR S&P 500 ETF（簡稱 SPY）。這只 ETF的目標是追蹤 S&P 500指數，讓投資者可以投資美國最大的 500家上市公司。這一創新的產品立即引起了市場的關注，並且開創了 ETF市場的新時代。今天，它被稱為 SPDR S&P 500 ETF信託，或者 SPDR（發音為 SPIDER）。它是世界上最大的 ETF，管理著超過 3700億美元的資產，也是交易最活躍的交易所交易基金，每天的日常交易量超過 8000萬股，交易量超過 320億美元。

SPY的成功引發了全球 ETF市場的快速發展。在接下來的幾年中，更多的金融機構開始推出各種不同類型的 ETF，包括追蹤其他股票指數的 ETF、追蹤債券市場的 ETF，以及追蹤商品價格的 ETF等。這些新的 ETF產品不僅豐富了市場的選擇，也使得投資者可以更靈活地配置他們的投資組合。

到了 2000年代，ETF市場進入了一個新的發展階段。在這一階段中，

ETF的結構和策略變得更加多元化和複雜。

例如，市場上出現了一些使用衍生性金融工具的合成型 ETF，以及一些針對特定行業或主題的專門型 ETF。此外，一些 ETF提供者也開始推出反向 ETF和槓桿 ETF，這些產品可以讓投資者在市場下跌時獲利，或者放大市場的漲跌幅度。

然而，與市場的快速發展相比，ETF的監管和投資者教育卻相對滯後。這導致了一些投資者對 ETF的理解不足，並且可能面臨較高的投資風險。因此，許多國家和地區的監管機構都開始加強對 ETF的監管，並且推動投資者教育的工作。

ETF的歷史和起源反映了金融市場的創新和發展。從最初的 SPY到現在的各種 ETF產品，我們可以看到 ETF市場的巨大變化和進步。與此同時，我們也應該認識到 ETF市場的挑戰和風險，並且需要持續學習和研究，以便更好地利用 ETF進行投資。

在接下來的章節中，我們將深入探討 ETF的運作方式，並且分享如何選擇和使用 ETF。無論是初學者還是經驗豐富的投資者，我們都希望這本書能夠為個人提供有價值的知識和洞見。

1.3 ETF的結構與類型

ETF的結構和類型多種多樣，可以根據其投資目標和策略來進行分類。以下我們將深入探討幾種主要的 ETF類型。

最常見的 ETF類型：追蹤股票指數的指數型 ETF。這種 ETF的目標是追蹤一個特定的股票指數，例如 S&P 500指數。這種 ETF通常會持有與指數相同的股票，並且按照與指數相同的比例來配置。例如SPDR S&P 500 ETF（簡稱 SPY）就是一種追蹤 S&P 500指數的 ETF。

SPY由 State Street Global Advisors於 1993年推出，是全球最早的 ETF。SPY持有 S&P 500指數的所有成分股，並且按照與指數相同的比例來配置，因此其表現與 S&P 500指數非常接近。

其次是追蹤債券市場的債券 ETF。這種 ETF的目標是追蹤一個特定的債券指數，例如美國政府債券指數或企業債券指數。債券 ETF可以提供投資者一種簡單且有效的方式，來獲得對債券市場的曝光。

此外，還有一些 ETF專門追蹤商品市場，例如黃金 ETF或原油 ETF。這種 ETF通常不直接持有商品，而是透過持有與商品價格相關的衍生性金融工具（例如期貨合約）來追蹤商品價格。

在結構上，ETF可以分為實物型 ETF和合成型 ETF。實物型 ETF直接持有追蹤指數的成分資產，例如 SPY就是一種實物型 ETF。

合成型 ETF則透過衍生性金融工具（例如掉期合約或期貨合約）來追蹤指數。要注意的是，合成型 ETF的結構較為複雜，並且可能帶來較高的風險。

主要 ETF種類

ETF（Exchange Traded Fund）的種類非常多樣，可以根據其追蹤的指數或資產類型來分類。

1. 股票 ETF：這是最常見的 ETF類型，追蹤一個或多個股票指數。例如，SPDR S&P 500 ETF （SPY）追蹤 S&P 500指數，Vanguard Total Stock Market ETF（VTI）則追蹤整個美國股市。

2. 債券 ETF：追蹤一個或多個債券指數。例如，iShares Core U.S. Aggregate Bond ETF（AGG）追蹤美國投資級債券市場。

3. 行業 ETF：追蹤特定行業或領域的表現。例如，Technology Select Sector SPDR Fund （XLK）專門追蹤 S&P 500指數中的科技股。

4. 商品 ETF：追蹤一種或多種商品的價格，如黃金、石油或農產品。例如，SPDR Gold Shares （GLD）專門追蹤黃金價格。

5. 國際 ETF：追蹤非美國市場的表現。例如，iShares MSCI EAFE ETF （EFA）追蹤歐洲、澳洲和遠東市場的表現。

6. 貨幣 ETF：追蹤一種或多種外幣對美元的匯率。例如，Invesco DB US Dollar Index Bullish Fund（UUP）追蹤美元對一籃子貨幣的表現。

7. 反向 ETF：這種 ETF的目標是產生與其追蹤的指數相反的回報。例如，ProShares Short S&P500 （SH）的目標是產生 S&P 500指數日回報的相反表現。

8. 槓桿 ETF：這種 ETF使用金融衍生品和債務來放大其追蹤的指數的回報。例如，ProShares UltraPro QQQ（TQQQ）的目標是產生 NASDAQ 100指數日回報的三倍。

9. 因子 ETF：這種 ETF追蹤的指數基於一種或多種投資風格，如價值、動量、大小、質量或波動性。例如 iShares MSCI USA Momentum Factor ETF（MTUM）旨在追蹤 MSCI USA Momentum SR Variant Index的投資表現，該指數由相對高於傳統市值加權母指數 MSCI USA指數的動量特徵的股票組成。本基金一般將至少 80%的資產投資於其標的指數的組成證券，或具有與其標的指數組成證券基本相同的經濟特徵的投資。

10. 主題 ETF：這種 ETF追蹤特定主題或趨勢的公司，如科技創新、綠色能源或醫療保健。例如，ARK Innovation ETF（ARKK）投資於創新科技公司。

11. ESG ETF：這種 ETF追蹤的公司符合環境、社會和治理（ESG）標準。例如，iShares ESG Aware MSCI USA ETF （ESGU）追蹤符合 ESG標準的美國公司。

12. 多資產 ETF：這種 ETF投資於多種資產類型，如股票、債券和商品。例如，iShares Core Growth Allocation ETF（AOR）投資於多種 iShares ETF，涵蓋多種資產類型。

13. 市場中立 ETF：這種 ETF的目標是產生無論市場上升還是下降都穩定的回報。例如，AGFiQ U.S. Market Neutral Anti-Beta Fund（BTAL）同時做多低 Beta股票和做空高 Beta股票。

14. 目標日期 ETF：這種 ETF的資產配置會隨著時間的推移自動調整，通常用於退休投資。例如 Vanguard Target Retirement 2050

Fund（VFIFX）適合預計在 2050年退休的投資者。

以上都是一些主要的 ETF類型，但實際上，ETF的種類遠遠超過這些，並且隨著金融創新的發展，新的 ETF類型也在不斷出現。

ETF的結構和類型多種多樣，可以滿足不同投資者的需求。然而，投資者在選擇 ETF時，需要根據自己的投資目標、風險承受能力和投資期限等因素，仔細評估和選擇合適的 ETF。在接下來的章節中，我們將探討如何選擇和使用 ETF，並且分享一些實用的投資策略和技巧。

1.4 ETF的優點與缺點

交易所交易基金（ETF）作為一種獨特的投資工具，具有許多優點，但也存在一些潛在的缺點。在這一節中，我們將深入探討 ETF的優點和缺點，以幫助投資者更全面地理解 ETF。

ETF的優點

1. 交易靈活性：ETF在交易所上市交易，投資者可以在交易時間內買賣 ETF，就像買賣股票一樣。這種交易靈活性使得投資者可以快速地調整他們的投資組合，以應對市場變化。

2. 投資多元化：每一個 ETF都包含多種不同的資產，例如股票、債券或商品等。這種多元化的特性可以幫助投資者分散風險，避免過度依賴單一資產或市場。

3. 透明度：與其他類型的基金不同，ETF的組合結構和價值通常是公開透明的。這意味著投資者可以隨時查看 ETF的持有資產和價值，並且可以更好地理解和評估其投資風險和回報潛力。

4. 稅務效益：在許多國家和地區，ETF的稅務處理方式比傳統的互惠基金更有利。例如，在美國，ETF的創建和贖回過程通常不會觸發資本利得稅，這可以幫助投資者降低稅務成本。

ETF的缺點

儘管 ETF具有以上的優點，但也存在一些潛在的缺點：

1. 追蹤誤差：追蹤誤差是指 ETF的實際表現與其追蹤的指數之間的差異。追蹤誤差可能由多種因素引起，例如 ETF的費用、交易成本、以及資產再平衡等。雖然大多數 ETF的追蹤誤差都相對較小，但投資者仍須注意。

2. 流動性問題：雖然大多數 ETF都具有良好的流動性，但一些小型或專門型的 ETF可能存在流動性問題。這可能會導致投資者在買賣 ETF時遇到價差較大或成交量不足的問題。

3. 管理費用：雖然 ETF的管理費用通常低於傳統的互惠基金，但投資者仍需要支付一定的費用。這些費用會直接從 ETF的資產中扣除，因此會影響投資者的實際回報。

4. 複雜的投資策略：一些特殊類型的 ETF，如反向 ETF和槓桿 ETF，使用複雜的投資策略，會帶來較高的風險。這些 ETF可能不適合所有的投資者，特別是對這些策略不熟悉的投資者。

第二章
如何投資 ETF

2.1 ETF的基本考慮

選擇 ETF是一個需要深思熟慮的過程，因為這將直接影響到個人的投資組合的表現和風險。在這一節中，我們將探討選擇 ETF的幾個重要因素。

首先要確定投資目標。個人是希望追求長期的資本增值，還是希望獲得穩定的現金流入？個人是希望投資於特定的市場或行業，還是希望投資在全球市場？個人的風險承受能力如何？這些問題將幫助個人確定應該選擇哪種類型的 ETF。

其次，個人需要考慮 ETF的成本。ETF的成本主要包括管理費用和交易成本。管理費用是指 ETF提供者收取的費用，通常以 ETF資產的一定比例來計算。交易成本則包括買賣 ETF時的價差和手續費。一般來說，成本越低的 ETF，其淨回報將越高。

然後，個人需要考慮 ETF的表現。這包括 ETF的歷史回報、風險和追蹤誤差等。歷史回報可以幫助個人了解 ETF在過去的表現，但需要注意的是，過去的表現並不能保證未來的表現。風險則反映了 ETF價格的波動程度，風險越高，價格的波動可能越大。追蹤誤差是指 ETF的實際表現與其追蹤的指數之間的差異，追蹤誤差越小，表示 ETF更準確地追蹤了指數。

最後，個人需要考慮 ETF的流動性。流動性越高的 ETF，買賣時的價差可能越小，並且更容易在需要時將 ETF轉換為現金。

以 Vanguard Total Stock Market ETF（VTI）為例，這是一個追蹤 CRSP US Total Market Index的 ETF。該指數包括了美國股票市場的大、中、小型公司，因此，投資 VTI的效果有如投資美國全市場。VTI的管理費用非常低，僅為0.03%，這使得投資者可以以非常低的成本獲得市場的回報。此外，VTI的流動性也非常好，投資者可以在交易時間內隨時買賣。

儘管 VTI有許多優點，但 VTI的價格也受到美國股票市場的影響，如果市場下跌，VTI的價格也可能會下跌。此外，VTI的追蹤誤差也需要關注，雖然大多數情況下，VTI都能夠準確地追蹤其指數，但在某些情況下，可能會出現一些小的追蹤誤差。

選擇ETF需要考慮多種因素，包括個人的投資目標、ETF的成本、表現、流動性等。在選擇 ETF時，個人需要根據自己的具體情況和需求，進行全面的評估和比較。在接下來的章節中，我們將提供更多關於如何選擇和使用 ETF的實用建議和技巧。

2.2 如何選擇 ETF

如上文所述，首先要確定投資目標。個人是希望追求長期的資本增值，還是希望獲得穩定的現金流入？個人是希望投資於特定的市場或行業，還是希望著眼於全球市場？個人的風險承受能力如何？這些問題將幫助個人確定應該選擇哪種類型的 ETF。

其次，投資者需要考慮 ETF的成本。ETF的成本主要包括管理費用和交易成本。管理費用是指 ETF提供者收取的費用，通常以 ETF資產的一定比例來計算。交易成本則包括買賣 ETF時的價差和手續費。

投資者當然也需要考慮 ETF的表現，這包括 ETF的歷史回報、風險和追蹤誤差等。歷史回報可以幫助個人了解 ETF在過去的表現，但需要注意的是，過去的表現並不能保證未來的表現。風險則反映了 ETF價格的波動程度，風險越高，價格的波動可能越大。追蹤誤差是指 ETF的實際表現與其追蹤的指數之間的差異，追蹤誤差越小，表示ETF更準確地追蹤了指數。

最後，投資者需要考慮 ETF的流動性。流動性越高的 ETF，買賣時的價差可能越小，並且更容易在需要時將 ETF轉換為現金，如上述的 Vanguard Total Stock Market ETF（VTI）流動性便非常好，投資者可以在交易時間內隨時買賣。

ETF投資組合策略

一旦個人選擇了合適的 ETF，接下來就是如何將它們納入個人的投資組合並有效地使用它們。以下是常見的 ETF的投資組合策略。

建立核心投資組合：ETF可以用來建立一個多元化的核心投資組合。例如，個人可以選擇一個追蹤全球股票市場的 ETF作為個人投資組合的核心部分，然後再根據個人的投資目標和風險承受能力，選擇其他的 ETF來補充和平衡個人的投資組合。

特定市場的組合：如果個人希望投資著眼於特定市場，可以選擇相應的 ETF。例如，如果個人希望投資於科技行業，可以選擇追蹤 NASDAQ-100

指數的 Invesco QQQ Trust（QQQ）。QQQ包含了 NASDAQ上最大的 100家非金融公司，其中許多是知名的科技公司，如蘋果、亞馬遜和微軟等。

策略投資：ETF也可以用來實施各種投資策略。例如，個人可以使用產業 ETF來進行產業轉換策略，或者使用主題 ETF來進行價值與成長的轉換策略。例如，看好能綠色能源的話，投資者可以考慮買入相關的 ETF，例子有 Invesco Solar ETF（TAN）、First Trust NASDAQ Clean Edge Green Energy Index Fund（QCLN）、iShares Global Clean Energy ETF（ICLN）、First Trust Nasdaq Clean Edge Smart Grid Infrastructure Index ETF（GRID）等。個人也可以使用反向 ETF和槓桿 ETF來進行市場反向操作或放大市場漲跌幅度的策略。

管理風險：ETF可以用來管理投資風險。例如，如果個人認為市場風險增加，可以購買追蹤債券指數或黃金價格的 ETF來降低風險。個人也可以使用多元化的 ETF來分散風險，避免過度依賴單一資產或市場。

無論是建立核心投資組合，還是用來實施策略投資或管理風險，都需要根據個人的投資目標和風險承受能力，進行仔細的規劃和調整。

2.3 ETF價格決定方式

ETF價格的決定主要由兩個因素影響：市場供求和基礎資產的價值。

市場供求：ETF是在交易所上市的，就像股票一樣。因此，其價格會受到市場供求的影響。如果買方的需求超過賣方的供應，ETF的價格可能會上漲。反之，如果賣方的供應超過買方的需求，ETF的價格可能會下跌。

基礎資產的價值：ETF的價格也會受到其基礎資產的價值的影響。每個

ETF都追蹤一個特定的指數，該指數由多個資產（如股票、債券或商品）組成。這些資產的價值變動會影響ETF的價值，進而影響其價格。

ETF的市場價格可能會與其淨資產價值（NAV）存在差異。淨資產價值是ETF基礎資產的市場價值除以ETF的股份數量。如果ETF的市場價格高於其淨資產價值，那麼 ETF可能被認為是超買的。反之，如果 ETF的市場價格低於其淨資產價值，那麼 ETF可能被認為是超賣的。

在實際操作中，專業的參與者（如授權參與者）會利用這種價差來進行套利交易，從而使ETF的市場價格接近其淨資產價值。

2.4 如何建立 ETF投資組合

建立 ETF投資組合需要考慮多種因素，包括個人的投資目標、風險承受能力、投資期限，以及對各種資產類別的預期回報和風險。以下是建立ETF投資組合的一般步驟。

確定投資目標：個人的投資目標將決定個人的投資策略和投資組合的結構。如果個人的目標是長期的資本增值，可能會重點投資於股票 ETF。如果目標是穩定的現金流入，可能會選擇投資於債券 ETF或股息 ETF。

評估風險承受能力：個人的風險承受能力將影響個人的資產配置決策。風險承受能力較高的投資者可能會選擇更多的股票 ETF，而風險承受能力較低的投資者可能會選擇更多的債券 ETF或其他風險較低的 ETF。

選擇合適的 ETF：選擇 ETF時，需要考慮 ETF的類型、成本、表現、流動性等因素。應選擇與個人的投資目標和風險承受能力相符的 ETF。

配置資產：根據個人的投資目標和風險承受能力，將個人的資金分配到選擇的 ETF中。個人應該定期審核和調整個人的資產配置，以確保它符合個人的投資目標和風險承受能力。

選擇資產類別：你可以根據你的投資目標和風險承受能力來選擇各種類型的 ETF。例如，選擇股票 ETF、債券 ETF、商品 ETF、房地產 ETF、國際市場 ETF等。

確定資產配置：一旦選擇了資產類別，便可以決定要在每個類別中投資多少。例如，將 60%的資金投入股票 ETF，30%投入債券 ETF，10%投入商品 ETF。

監控和調整投資組合：投資是一個動態的過程，個人需要定期監控個人的投資組合的表現，並根據市場變化和個人的情況變化進行調整。

再以 Vanguard Total Bond Market ETF（BND）為例，這是一個追蹤 Bloomberg Barclays U.S. Aggregate Bond Index的 ETF。該指數包括了美國的政府債券、企業債券和抵押貸款證券等各種投資級別的債券。如果個人的投資目標是穩定的現金流入，並且個人的風險承受能力較低，那麼個人可能會選擇將 BND作為個人投資組合的一部分。

例如，個人可以將 60%的資金投資於 BND，以獲得穩定的利息收入和降低風險。然後，個人可以將剩下的 40%的資金投資於股票 ETF，以追求資本增值。這種 60/40的配置策略是一種常見的投資組合配置策略，適合風險承受能力較低的投資者。

需要注意的是，儘管 BND的風險相對較低，但它仍然存在風險。例如，如果利率上升，債券價格可能會下跌，這將影響 BND的價格。因此，投資者在投資 BND時，仍需要注意利率風險。

2.5 如何評估 ETF

評估 ETF是一個重要的投資活動，它可以幫助個人了解個人的投資是否達到了預期的回報，並且幫助個人決定是否需要調整個人的投資策略或投資組合。以下是評估 ETF表現的幾個重要因素。

歷史回報：歷史回報是評估 ETF表現的一個重要因素。個人可以查看 ETF的 1年、5年和 10年的平均年化回報，以了解其長期的表現。需要注意的是，過去的表現並不能保證未來的表現。

追蹤誤差：追蹤誤差是指 ETF的實際回報與其追蹤的指數的回報之間的差異。追蹤誤差越小，表示 ETF更準確地追蹤了其指數。追蹤誤差可以由多種因素引起，例如 ETF的費用、交易成本、以及資產再平衡等。

風險指標：風險指標可以幫助個人了解 ETF的風險水平。常見的風險指標包括標準差（反映了 ETF價格的波動程度）和最大回撤（反映了 ETF價格的最大下跌幅度）。

費用比率：費用比率是指 ETF的年度費用與其資產總額的比例。費用比率越低，投資者的淨回報將越高。

市場風險：市場風險是指由於市場因素（如經濟條件、政策變化、利率變化等）導致的投資價值變動。例如，SPDR S&P 500 ETF（SPY）追蹤的 S&P 500指數包含了美國最大的 500家公司，因此，SPY的價格會受到美國股票市場的影響。如果市場下跌，SPY的價格也可能會下跌。

行業風險：行業風險是指由於特定行業的因素（如技術變化、競爭條件、法規變化等）導致的投資價值變動。例如，Invesco QQQ Trust（QQQ）追蹤的 NASDAQ-100指數主要包含科技公司。因此，QQQ的價格會受到科技行業的影響。如果科技行業出現問題，QQQ的價格便可能受到影響。

貨幣風險：如果 ETF投資於非本國資產，則可能面臨貨幣風險。貨幣風險是指由於匯率變動導致的投資價值變動。

流動性風險：流動性風險是指在需要賣出 ETF時，可能無法以理想的價格賣出。一般來說，交易量大的 ETF流動性較好，流動性風險較低。

管理風險：管理風險是指由於 ETF的管理公司的決策或操作導致的投資價值變動。例如，如果管理公司選擇的指數策略出現問題，或者管理公司無法有效地追蹤指數，則可能會影響 ETF的價值。

實例分析

以 Vanguard S&P 500 ETF（VOO）、iShares MSCI Emerging Markets ETF（EEM）、Financial Select Sector SPDR Fund（XLF）和 SPDR Gold Trust（GLD）為例，我們可以看到幾者的表現有很大的差異。

實例 1：VOO

VOO是一個追蹤 S&P 500指數的 ETF，其目標是提供與該指數相同的回報。VOO的 5年年化回報為 10.99%，10年年化回報為 12.03%，這表示 VOO

在過去的 5年和 10年中都有很好的表現。VOO的費用比率非常低，僅為 0.03%，這使得投資者可以以非常低的成本獲得市場的回報。

實例 2：EEM

iShares MSCI Emerging Markets ETF（EEM）是一個追蹤 MSCI Emerging Markets Index的 ETF。這個指數包括了來自新興市場的大型和中型公司。

投資 EEM的風險包括市場風險（新興市場一般比已發展市場更加波動）、貨幣風險（新興市場的貨幣可能會對美元產生波動）、以及地區風險（新興市場可能會受到政治、經濟和社會因素的影響）。EEM的 5年年化回報為 -1.33%，10年年化回報為 1.42%，這表明 EEM在過去的 5年和 10年中的表現較為不穩定。

實例 3：XLF

另一個例子是 Financial Select Sector SPDR Fund（XLF），這是一個追蹤 Financial Select Sector Index的 ETF。

這個指數包括了美國金融行業的大型公司。投資 XLF的風險包括市場風險（金融行業可能會受到經濟條件和利率變化的影響）、行業風險（金融行業可能會受到法規變化和技術變化的影響），以及公司風險（金融公司的表現可能會受到其業務策略和財務狀況的影響）。XLF的 5年年化回報為 5.33%，10年年化回報為 11.68%，這表明 XLF在過去的 5年和 10年中的表現較為穩定。

實例 4：GLD

　　GLD是一個追蹤黃金價格的 ETF，其目標是提供與黃金價格相同的回報。投資 GLD的風險包括黃金價格的波動風險、貨幣風險（如果投資者的本國貨幣不是美元），以及管理風險（例如，如果管理公司無法有效地追蹤黃金價格）。

　　GLD的 5年年化回報為 8.46%，10年年化回報為 3.02%，這表示 GLD在過去的 5年和 10年中的表現較為穩定，但回報較低。GLD的費用比率為0.4%，這比 VOO的費用比率高，但相對於其他類型的 ETF來說，仍然是較低的。

第三章
ETF 與其他投資工具的比較

3.1 ETF與股票的比較

　　交易所交易基金（ETF）和股票都是在交易所上市交易的證券，投資者可以在交易時間內買賣。雖然它們有許多相似之處，但也有一些重要的區別。ETF和股票都是在交易所上市交易的證券，它們都有價格，可以在交易時間內買賣。然而，儘管它們在表面上看起來相似，但實際上，它們在結構、投資目標和風險特性等方面存在著重要的區別。

　　投資範圍：當個人購買一支股票時，個人實際上是在購買一家公司的一部分所有權。個人的投資回報將取決於該公司的表現。相反，當個人購買一支 ETF時，實際上是在購買一個投資組合，該投資組合可能包含數十甚至數百種不同的股票或其他類型的投資（如債券、商品等）。因此，ETF可以提供更廣泛的資產分散，有助於降低風險。

　　價格確定：股票的價格由市場供求決定，可能會受到公司表現、市場情緒等因素的影響，並可能在短時間內出現大幅波動。相反，ETF的價格通常更加穩定，因為它反映的是其持有的所有資產的總價值。此外，ETF的價格通常會非常接近其淨資產價值（NAV），因為有專門的市場參與者（如授權參與者）會在 ETF 的價格與其 NAV 之間出現偏差時進行套利交易。

交易和管理費用：股票的交易費用通常較低，因為投資者只需要支付經紀商的交易佣金。ETF 的交易費用可能會較高，投資者除了需要支付交易佣金外，還可能需要支付管理費用（即費用比率）。許多 ETF 的費用比率都非常低，並且許多經紀商現在也提供零佣金交易，因此這種差異可能不那麼明顯。

股息和資本利得：股票投資者可能會收到來自公司的股息，並且如果股票價格上漲，他們還可以賣出股票獲利。ETF 投資者通常會收到來自 ETF 的分配，這可能包括來自其持有的所有資產的股息和利息收入，以及任何資本利得。許多 ETF 都採用了再投資分配的策略，這意味著分配會被自動再投資回 ETF，而不是支付給投資者。

透明度：大多數 ETF 都具有很高的透明度，因為它們每天都會公開其持有的資產。這使得投資者可以清楚地了解他們的投資組合，並可以更好地評估風險。相反，股票的透明度可能會較低，因為公司不需要每天公開其財務狀況，並且可能有一些內部信息不為公眾所知。

擁有權：當個人購買一支股票時，個人實際上是在購買一家公司的一部分。換句話說，個人成為了該公司的股東，有權參與公司的股東大會，並有權獲得公司的利潤分配（如果公司決定分配）。然而，當個人購買一支 ETF 時，個人並不直接擁有 ETF 持有的資產。相反，個人擁有的是一種權利，即以 ETF 的淨資產價值（NAV）賣出 ETF 的權利。

投資範圍：股票投資是一種單一資產投資，個人的投資價值完全取決於該股票的表現。相反，ETF是一種集合投資工具，它持有多種資產，如股票、債券或商品。因此，ETF可以提供內部分散化，有助於降低單一資產的風險。

交易方式：股票和 ETF都可以在交易所上市交易，並且都可以使用市價單、限價單、止損單等各種交易策略。然而，與股票不同，ETF還可以創建或贖回創建單位，這是一種特殊的交易方式，只有授權參與者（通常是大型金融機構）才能進行。

分散化：與單一的股票相比，ETF提供了更高程度的分散化。這是因為ETF通常追蹤一個指數，該指數可能包含數十種、數百種甚至數千種不同的股票。因此，即使單一股票的價格下跌，也不會對 ETF的整體價值產生太大影響。

股息支付：許多股票會定期支付股息，這是公司將其利潤分配給股東的一種方式。相反，ETF通常不直接支付股息，它們將收到的股息再投資回基金。然而，ETF會定期（通常每季度或每年）分配其收益，這些收益可以是股息、利息或資本利得。投資者可以選擇將這些分配再投資回 ETF，或者將其支付到其現金賬戶。

稅務處理：股票和 ETF的稅務處理也有所不同。當個人賣出股票獲利時，個人需要支付資本利得稅。資本利得稅的稅率取決於個人持有股票的時間長短。傳統的開放式 ETF具有稅務效率，因為它們可以通過創建和贖回過程來避免觸發資本利得稅。

3.2 ETF與債券的比較

在投資世界中，ETF和債券是兩種常見的投資工具。雖然它們都可以為投資者提供收益，但它們在許多方面有著顯著的區別。以下是對 ETF和債券的比較，以幫助個人更好地理解這兩種投資工具。

投資結構：ETF是一種投資基金，它追蹤一個或多個基準指數，如 S&P 500或納斯達克 100。ETF的結構使其能夠提供廣泛的市場曝光，並且通常包含多種不同的資產，如股票、債券或商品。相反，當個人購買一個債券時，個人實際上是在購買一間公司或政府的債務。債券發行人承諾在一定期限內償還本金，並支付定期的利息。

收益和風險：ETF的收益主要來自其追蹤的指數的價格變動。因此，如果市場表現良好，ETF的價值可能會上升，反之亦然。另一方面，債券的收益來自其定期支付的利息，這使得債券成為一種相對穩定的投資工具。然而，債券也有風險，例如信用風險（發行人無法償還債務）和利率風險（利率上升可能會降低債券的價值）。

流動性：ETF和債券都可以在公開市場上買賣，但它們的流動性可能會有所不同。ETF通常具有較高的流動性，因為它們在交易所上市交易，並且可以在市場開放時間內隨時買賣。相反，債券的流動性可能會較低，尤其是對於一些小型或信用評級較低的發行人。

管理風格：大多數 ETF都是被動管理的，這意味著它們的目標是追蹤一個特定的指數，而不是嘗試超越市場。這使得 ETF的費用通常較低，並且可以提供更高的透明度。相反，債券可以被動管理（例如，通過追蹤債券指數）或主動管理（基金經理試圖超越市場）。

稅務處理：在美國，ETF和債券的稅務處理也有所不同。ETF的資本利得通常在賣出 ETF並實現利潤時才需要支付。另一方面，債券的利息收入在收到時就需要報稅，即使個人選擇再投資這些收入。

投資策略：ETF和債券可以適應不同的投資策略。例如，如果個人希望投資在廣泛的市場，或者希望利用特定的投資策略（如價值投資或動量投資），那麼 ETF可能是一個好選擇。相反，如果個人正在尋找穩定的收入來源，或者希望降低個人的投資組合的整體風險，那麼債券可能更適合個人。

費用和費率：ETF和債券的費用和費率也有所不同。ETF通常會收取管理費，這是基金經理為管理基金而收取的費用。這些費用通常以基金資產的一個百分比來計算，並且在基金的價格中已經反映出來。另一方面，債券的費用可能會較低，因為它們通常不需要基金經理進行管理。然而，如果個人通過經紀人購買債券，個人可能需要支付交易費用。

投資期限：債券有一個固定的到期日，到期日之後，發行人將償還債券的面值。這使得債券成為一種時間確定的投資，並且通常適合長期投資。相反，ETF沒有到期日，並且可以在任何時間買賣。這使得ETF更具靈活性，並且可以適應各種不同的投資策略和時間範圍。

收益支付：債券的主要收益來源是其定期支付的利息。這些利息支付通常是固定的，並且在購買債券時就已經確定。這使得債券成為一種可預測的收入來源，並且對於需要穩定收入的投資者（如退休人士）可能很有吸引力。相反，ETF的收益主要來自其資產價值的變動。雖然一些 ETF也可能支付股息或利息，但這些支付通常會被再投資回基金，而不是直接支付給投資者。

投資多樣性：由於 ETF可以追蹤各種不同的指數，因此它們可以提供廣泛的投資多樣性。例如，有些 ETF追蹤的是股票指數，有些則追蹤的是債券指數，還有些則追蹤的是商品價格。這使得投資者可以通過購買不同的 ETF來獲得各種不同市場的曝光。相反，單一的債券只能提供對其發行人的曝光，並且可能需要購買多種債券才能實現投資多樣性。

交易時間：ETF和債券的交易時間也有所不同。ETF在交易所上市交易，因此可以在市場開放時間內隨時買賣。這使得 ETF具有很高的靈活性，並且可以快速地進入或退出投資。相反，債券通常在次級市場上交易，並且可能需要更長的時間才能找到買家或賣家。

投資門檻：ETF和債券的投資門檻也可能有所不同。一些 ETF可以以很低的價格購買，這使得它們對小額投資者來說很有吸引力。相反，一些債券可能需要較高的最小投資額，尤其是對於一些企業債或政府債來說。

ETF和債券都是有價值的投資工具，但它們在許多方面有著顯著的區別。理解這些區別可以幫助投資者做出更好的投資決策，並選擇最適合他們需求和目標的投資工具。

3.3 ETF與互惠基金的比較

在投資世界中，ETF和互惠基金是兩種常見的投資工具。雖然他們都提供了便捷的方式來獲得多元化的市場投資，但他們在結構、交易方式、費用和稅務處理等方面有所不同。為了更好地理解這些差異，我們以 SPDR S&P 500 ETF（SPY）和 Vanguard 500 Index Fund Investor Shares（VFINX）為例進行比較。

投資策略：SPY和 VFINX都是被動管理的投資工具，旨在追蹤 S&P 500 指數的表現。他們都不會通過主動管理來超越基準指數，而是通過持有指數中的代表性樣本來複製指數的表現。這種策略可以投資在廣泛的市場，並有助於降低投資風險。

費用：在費用方面，SPY和 VFINX都有相對較低的費用。SPY的費用比率為 0.09%，而 VFINX的費用比率為 0.14%。這意味著，每年投資者需要支付投資金額的 0.09%或 0.14%作為管理費用。儘管這兩種投資工具的費用都很低，但 SPY的費用更低一些。

交易：在交易方式上，SPY和 VFINX有明顯的不同。SPY是一種交易所交易基金，可以在交易日的任何時間以市場價格買賣。這為投資者提供了靈活性，因為他們可以根據市場條件快速進出市場。另一方面，VFINX是一種互惠基金，只能在每天的市場收盤時以淨資產價值（NAV）買賣。這可能限制了投資者的交易靈活性。

最低投資金額：在最低投資金額方面，SPY和 VFINX也有所不同。SPY沒有最低投資金額，投資者可以購買任何數量的 ETF單位。然而，VFINX有一個最低投資金額的要求，投資者需要至少投資 3,000美元才能購買這種互惠基金。

稅務處理： 在稅務處理方面，ETF和互惠基金也有所不同。由於 ETF的創建和贖回過程，ETF通常可以更有效地管理資本利得，這可能對投資者的稅務負擔產生影響。另一方面，互惠基金的買賣可能會觸發資本利得稅，尤其是在基金經理買賣基金持有的證券時。

結論： ETF和互惠基金都是有效的投資工具，但他們在多個方面有所不同。選擇哪種投資工具取決於投資者的個人需求和目標。例如，如果投資者希望能夠在交易日的任何時間買賣，並且希望最小化稅務影響，那麼ETF可能是一個好選擇。另一方面，如果投資者計劃定期投資，並且不介意在每天的市場收盤時進行交易，那麼互惠基金可能更適合。無論選擇哪種投資工具，投資者都應該仔細研究並理解其特性和風險。

回報： SPY和 5年的回報率為 10.99%，10年的回報率為 12.13%；VFINX-5年的回報率 11.03%，10年回報率 12.38%。

3.4 ETF與期貨的比較

在比較 ETF與期貨時，我們將以 SPDR Gold Trust（GLD）作為 ETF的例子。GLD是一種追蹤黃金價格的交易所交易基金（ETF）。它旨在為投資者提供一種方便且低成本的方式去投資黃金。黃金被廣泛認為是價值的儲存和對抗通脹的避險工具。

ETF（以 GLD為例）與期貨的主要比較

交易方式與流動性： ETF在交易所上市，就像股票一樣，可以在市場開放時間內進行買賣。這為投資者提供了靈活性，可以根據市場條件調整他們的投資組合。相比之下，期貨合約是在期貨交易所交易的，並且是在特定的到期日或之前交付或結算的。期貨市場的流動性可能會受到合約到期日的影響，因為隨著到期日的接近，交易量可能會下降。

　　槓桿效應與風險：期貨交易通常涉及槓桿，這意味著投資者可以用小於合約價值的金額來控制大量的資產。這可放大投資者的利潤，但也可能放大他們的損失。相比之下，ETF投資不涉及槓桿，除非投資者選擇投資槓桿 ETF。使用槓桿的風險在於，如果市場走向與投資者的預期相反，損失可能會超過投資者的原始投資。

　　交割與持有成本：期貨合約可能需要實物交割，這意味著在合約到期時，持有人可能需要接受或交付實物商品。這可能對一些投資者來說是不方便的。相比之下，ETF不涉及實物交割，投資者可以隨時買賣他們的份額。此外，ETF的持有成本通常包括管理費用，這是以年化費率形式從基金的淨資產中扣除的。例如，GLD的費用比率為 0.4%。相比之下，期貨的持有成本可能包括滾動成本，這是在期貨合約到期時將位置轉移到下一個到期月份的成本。

　　價格跟蹤與價格風險：ETF旨在追蹤特定的基礎資產或指數的價格。例如，GLD旨在追蹤黃金的價格。相比之下，期貨價格可能會受到期貨曲線的影響，這可能會導致期貨價格與其基礎資產的現貨價格有所偏離。例如，原油期貨（CLF）的價格可能會受到供應和需求、庫存水平、地緣政治事件等多種因素的影響。

稅務：ETF的稅務處理與普通股票相同，投資者在賣出 ETF份額時可能需要支付資本利得稅。相比之下，期貨的稅務處理可能會有所不同，因為期貨合約的利潤可能會按照 60/40規則來分配，即 60%的利潤按照長期資本利得稅率來稅收，40%的利潤按照短期資本利得稅率來稅收。

透明度：ETF的結構提供了高度的透明度，因為 ETF每天都會公開其持有的資產。這使得投資者可以清楚地了解他們的投資組合的組成。相比之下，期貨合約的透明度會較低，因為期貨合約的價格可能會受到多種因素的影響，包括供求條件、利率和儲存成本等。

投資策略：ETF和期貨都可以用於多種投資策略。例如，投資者可以使用 ETF來建立一個多元化的投資組合，或者使用期貨來對沖其他投資的風險。然而，這兩種工具的使用方式可能會有所不同。例如，期貨通常用於短期交易或對沖，而ETF則更適合用於長期投資或建立多元化的投資組合。

投資工具的選擇：ETF和期貨都可以用於多種投資策略。然而，選擇哪種工具取決於投資者的需求和目標。例如，如果投資者希望對特定的資產類別或市場進行長期投資，並且希望能夠在交易日內隨時買賣，那麼 ETF可能是一個好選擇。另一方面，如果投資者希望進行短期交易，並且希望能夠利用槓桿來放大他們的潛在回報，那麼期貨可能是更好的選擇。

交易成本：ETF和期貨的交易成本也有所不同。ETF的交易成本通常包括經紀佣金和投資基金的費用比率。相比之下，期貨的交易成本可能包括經紀佣金、交易所費用和清算費用。此外，由於期貨合約的到期和滾動，投資者可能還需要支付滾動成本。

市場參與者：ETF和期貨市場的參與者也有所不同。ETF市場的參與者包括零售投資者、機構投資者和市場製造商。期貨市場的參與者通常包括大型機構投資者、專業交易員和對沖基金。這可能會影響市場的流動性和價格動態。

監管：在美國，ETF由證券交易委員會（SEC）監管，而期貨由商品期貨交易委員會（CFTC）監管。這兩種監管機構的規則和要求有所不同，可能會影響投資者的權益保護。

第二部分
全球 ETF 市場

第四章
全球主要的 ETF 市場概覽

4.1 美國 ETF市場

　　美國是全球最大的 ETF市場，其規模遠超過其他地區。根據 ETF.COM 的數據，截至 2023年 1月，美國 ETF的總資產達到了 5.8萬億美元，比前一年增長了約 20%。這種快速的增長反映了投資者對 ETF的需求持續增加，尤其是在低利率和高波動性的環境下，投資者更傾向於使用 ETF來分散風險和提高投資效率。美國的 ETF市場由多家大型金融機構主導，包括 BlackRock、Vanguard和 State Street Global Advisors等。這些機構提供了數以千計的ETF產品，涵蓋了各種資產類別、行業和投資策略。

　　美國的 ETF市場以其創新和多樣性而聞名。例如，投資者可以選擇投資於追蹤 S&P 500指數的 ETF，也可以選擇投資於專注於特定行業或主題的 ETF，如科技、能源或 ESG（環境、社會和治理）等。此外，美國的 ETF市場也提供了許多創新的產品，如反向 ETF、槓桿 ETF和主動管理的 ETF等。

　　美國的 ETF市場也以其流動性和透明度而受到追捧。大多數 ETF都在公開市場上交易，投資者可在交易日的任何時間買賣。此外，ETF的結構使其淨資產價值（NAV）和市場價格通常非常接近，這有助於確保公平交易。

美國的 ETF市場提供了廣泛的投資選擇，投資者需要進行充分的研究和分析，以確保選擇的 ETF符合他們的投資目標和風險承受能力。此外，投資者也需要關注 ETF的費用，包括管理費用和交易成本，因為這些費用可能會影響投資回報。

美國的 ETF市場是全球最大的 ETF市場，並且在過去的幾年中一直在穩步增長。根據最新的數據，美國的 ETF市場規模已經超過 7萬億美元，並且持續增長。

這種增長的驅動力主要來自兩個方面：一是投資者對於 ETF的認識和理解不斷提高，二是金融機構不斷推出新的ETF產品以滿足投資者的需求。

在美國的 ETF市場中，最大的 ETF供應商是 BlackRock、Vanguard和 State Street Global Advisors。這些公司的ETF產品涵蓋了各種資產類別，包括股票、債券、商品、不動產等，並且提供了各種投資策略，如指數追蹤、主動管理、因子投資等。

美國的 ETF市場也以其高度的流動性和透明度而受到投資者的青睞。大多數的ETF都在公開市場上交易，投資者可以在交易日的交易時段買賣；一些主要 ETF甚至是 24小時都有交易。而且，由於 ETF的結構，其市場價格通常與其淨資產價值非常接近，這有助於確保公平交易。

美國的 ETF市場為投資者提供了豐富的投資機會，並且在創新、多樣性和透明度方面設定了全球標準。

以下是根據 ETFdb.comn及 Yahoo Finance以資產管理（AUM）排名的前 10名ETF（以下以美元為單位），以及其績效數據（截至2023年6月15日）：

1.SPDR S&P 500 ETF Trust（SPY）：AUM $408,284,000,000；年初至今每日總回報 13.87%；一年每日總回報 13.19%；三年每日總回報 14.30%。

整體投資組合構成（%）

股票	99.86%
債券	0.00%

行業權重（%）

基礎材料	2.18%
消費周期	10.31%
金融服務	12.01%
房地產	2.50%
防禦性消費	6.83%
衛生保健	13.77%
公用事業	2.68%
通訊服務	8.75%
能源	4.17%
工業	8.01%
科技	28.64%

前十大持股（佔總資產的 30.37%）

APPLE INC（AAPL）	7.53%
MICROSOFT CORP（MSFT）	6.98%
AMAZON.COM INC（AMZN）	3.07%
NVIDIA CORP（NVDA）	2.66%
ALPHABET INC CLASS A（GOOGL）	2.09%
ALPHABET INC CLASS C（GOOGL）	1.83%
META PLATFORMS INC CLASS A（META）	1.68%
BERKSHIRE HATHAWAY INC CLASS B（BRK.B）	1.65%
TESLA INC（TSLA）	1.57%
UNITEDHEALTH GROUP IN（UNH）	1.30%

2. ISHARES CORE S&P 500 ETF （IVV）：AUM $319,221,000,000；年初至今的每日總回報 13.90%；一年每日總回報 13.24%；三年每日總回報 14.35%。

整體投資組合構成（%）	
股票	99.65%
債券	0.00%
行業權重（%）	
基礎材料	2.18%
消費周期	10.28%
金融服務	11.99%
房地產	2.50%
防禦性消費	6.82%
衛生保健	13.74%
公用事業	2.67%
通訊服務	8.73%
能源	4.16%
工業	7.99%
科技	28.58%
前十大持股（佔總資產的 30.31%）	
APPLE INC（AAPL）	7.52%
MICROSOFT CORP（MSFT）	6.97%
AMAZON.COM INC（AMZN）	3.06%
NVIDIA CORP（NVDA）	2.65%
ALPHABET INC CLASS A（GOOGL）	2.09%
ALPHABET INC CLASS C（GOOGL）	1.83%
META PLATFORMS INC CLASS A（META）	1.68%
BERKSHIRE HATHAWAY INC CLASS B（BRK.B）	1.65%
TESLA INC（TSLA）	1.56%
UNITEDHEALTH GROUP INC（UNH）	1.30%

3. VANGUARD S&P 500 ETF （VOO）：AUM $306,626,000,000；年初至今的每日總回報 13.93%；一年每日總回報 13.21%；三年每日總回報 14.35%。

整體投資組合構成（%）	
股票	99.66%
債券	0.00%
行業權重（%）	
基礎材料	2.35%
消費周期	10.13%
金融服務	12.55%
房地產	2.62%
防禦性消費	7.29%
衛生保健	14.44%
公用事業	2.87%
通訊服務	8.25%
能源	4.67%
工業	8.16%
科技	26.34%

前十大持股（佔總資產的 27.79%）		
APPLE INC（AAPL）		7.22%
MICROSOFT CORP（MSFT）		6.55%
AMAZON.COM INC（AMZN）		2.69%
NVIDIA CORP（NVDA）		1.95%
ALPHABET INC CLASS A（GOOGL）		1.83%
BERKSHIRE HATHAWAY INC CLASS B（BRK.B）		1.69%
ALPHABET INC CLASS C（GOOGL）	1.68%	1.61%
META PLATFORMS INC CLASS A（META ）		1.53%
EXXON MOBIL CORP （XOM）		1.39%
UNITEDHEALTH GROUP IN（UNH）		1.31%

4. VANGUARD TOTAL STOCK MARKET ETF （VTI）：AUM $299,999,000,000；
年初至今的每日總回報 13.35%；一年每日總回報 12.36%；三年每日總回報
13.64%。

整體投資組合構成（%）	
股票	99.07%
債券	0.00%
行業權重（%）	
基礎材料	2.53%
消費周期	10.30%
金融服務	12.67%
房地產	3.26%
防禦性消費	6.67%
衛生保健	14.30%
公用事業	2.78%
通訊服務	7.54%
能源	4.53%
工業	9.26%
科技	25.23%
前十大持股（佔總資產的 23.64%）	
APPLE INC（AAPL）	6.25%
MICROSOFT CORP（MSFT）	5.61%
AMAZON.COM INC（AMZN）	2.25%
NVIDIA CORP（NVDA）	1.59%
ALPHABET INC CLASS A（GOOGL）	1.57%
BERKSHIRE HATHAWAY INC CLASS B（BRK.B）	1.41%
ALPHABET INC CLASS C（GOOGL）	1.34%
META PLATFORMS INC CLASS A（META）	1.31%
EXXON MOBIL CORP （XOM）	1.18%
UNITEDHEALTH GROUP IN（UNH）	1.13%

5. INVESCO QQQ TRUST （QQQ）：AUM $191,756,000,000；年初至今的
每日總回報 35.59%；一年每日總回報 25.76%；三年每日總回報 15.90%。

整體投資組合構成（%）

股票	99.90%
債券	0.00%
行業權重（%）	
基礎材料	0.00%
消費周期	14.46%
金融服務	0.49%
房地產	0.23%
防禦性消費	5.36%
衛生保健	5.78%
公用事業	1.03%
通訊服務	17.12%
能源	0.36%
工業	3.81%
科技	51.27%

前十大持股（佔總資產的 58.63%）

MICROSOFT CORP（MSFT）	13.22%
APPLE INC（AAPL）	12.25%
AMAZON.COM INC（AMZN）	6.71%
NVIDIA CORP（NVDA）	6.59%
META PLATFORMS INC CLASS A（META）	4.15%
ALPHABET INC CLASS A（GOOGL）	4.05%
ALPHABET INC CLASS C（GOOGL）	4.00%
TESLA INC（TSLA）	3.51%
BROADCOM INC（AVGO）	2.37%
PEPSI CO INC（UNH）	1.77%

6. Vanguard FTSE Developed Markets ETF（VEA）：AUM $112,546,000,000；年初至今的每日總回報 10.77%；一年每日總回報 10.91%；三年每日總回報 9.21%。

整體投資組合構成（%）	
股票	97.05%
債券	0.00%
行業權重（%）	
基礎材料	7.68%
消費周期	10.55%
金融服務	17.59%
房地產	3.32%
防禦性消費	8.46%
衛生保健	10.73%
公用事業	3.01%
通訊服務	4.03%
能源	5.33%
工業	15.98%
科技	9.62%

前十大持股（佔總資產的 10.86%）	
NESTLE S.A（NESN）	1.60%
NOVO NORDISK A/S CLASS B （NOVO.B）	1.20%
ASML HOLDING NV （ASML）	1.18%
SAMSUNG ELECTRONICS CO., LTD. （005930）	1.10%
LVMH MOET HENNESSY LOUIS VUITTON SE （MC）	1.10%
ROCHE HOLDING LTD DIVIDEND RIGHT CERT （ROG）	1.00%
ASTRAZENECA PLC （AZN）	1.00%
SHELL PLC （SHEL）	0.99%
NOVARTIS AG （NOVN）	0.94%
TOYOTA （7203）	0.76%

7. VANGUARD VALUE ETF （VTV）：AUM $97,913,800,000；年初至今的
每日總回報 0.51%；一年每日總回報 5.18%；三年每日總回報 14.56%。

整體投資組合構成（%）	
股票	99.92%
債券	0.00%
行業權重（%）	
基礎材料	2.80%
消費周期	2.51%
金融服務	19.53%
房地產	3.11%
防禦性消費	11.90%
衛生保健	20.04%
公用事業	5.86%
通訊服務	4.94%
能源	7.95%
工業	12.59%
科技	8.68%

前十大持股（佔總資產的 22.77%）	
BERKSHIRE HATHAWAY INC CLASS B（BRK.B）	3.50%
EXXON MOBIL CORP （XOM）	2.85%
UNITEDHEALTH GROUP IN（UNH）	2.72%
JOHNSON & JOHNSON（JPM）	2.52%
JPMORGAN CHASE & CO（NVDA）	2.40%
PROCTER & GAMBLE CO（PG）	2.18%
MERCK & CO INC（MRK）	1.73%
CHEVRON CORP（CVX）	1.71%
META PLATFORMS INC CLASS A（META）	1.58%
ABBVIE INC（ABBV）	1.58%

8. ISHARES CORE MSCI EAFE ETF （IEFA）：AUM $97,831,800,000；年初至今的每日總回報 10.99%；一年每日總回報 12.84%；三年每日總回報 8.84%。

整體投資組合構成（%）	
股票	98.74%
債券	0.00%
行業權重（%）	
基礎材料	7.25%
消費周期	11.48%
金融服務	16.37%
房地產	3.52%
防禦性消費	9.50%
衛生保健	12.77%
公用事業	3.14%
通訊服務	4.22%
能源	4.03%
工業	16.97%
科技	9.42%

前十大持股（佔總資產的 12.79%）	
NESTLE SA（NESN）	1.86%
ASML HOLDING NV（ASML）	1.65%
NOVO NORDISK A/S CLASS B（NOVOB）	1.51%
LVMH MOET HENNESSY LOUIS VUITTON SE（MC）	1.37%
ASTRAZENECA PLC（AZN）	1.28%
ROCHE HOLDING AG（ROG）	1.27%
NOVARTIS AG REGISTERED SHARES（NOVN）	1.12%
SHELL PLC（SHEL）　　1.65%	1.08%
HSBC HOLDINGS PLC（HSBA）	0.83%
TOYOTA MOTOR CORP（7203）	0.83%

9. Vanguard Total Bond Market ETF （BND）：AUM $92,972,300,000；年初至今的每日總回報 2.43%；一年每日總回報 -0.26%；三年每日總回報 -3.82%。

整體投資組合構成（%）	
股票	0.00%
債券	99.13%
行業權重（%）	
基礎材料	N/A
消費周期	N/A
金融服務	N/A
房地產	N/A
防禦性消費	N/A
衛生保健	N/A
公用事業	N/A
通訊服務	N/A
能源	N/A
工業	N/A
科技	N/A

前十大持股（N/A）

10. iShares Core U.S. Aggregate Bond ETF （AGG）：AUM $90,585,500,000；年初至今的每日總回報 2.46%；一年每日總回報 -0.40%；三年每日總回報 -3.81%。

整體投資組合構成（%）	
股票	0.00%
債券	96.52%
行業權重（%）	
基礎材料	N/A
消費周期	N/A
金融服務	N/A
房地產	N/A
防禦性消費	N/A
衛生保健	N/A
公用事業	N/A
通訊服務	N/A
能源	N/A
工業	N/A
科技	N/A
最大持股（佔總資產的 3.96%）	
BlackRock Cash Funds Instl SL Agency（BISXX）	3.96%

其他類型

除了美國本土的 ETF，於美國發行的 ETF也有很多其他的類型：

iShares MSCI Emerging Markets ETF （EEM）：這是一個由 BlackRock發行的 ETF，它追蹤 MSCI Emerging Markets Index，涵蓋了全球新興市場的大型和中型公司。EEM提供了一種方便的方式，讓投資者能夠參與新興市場的表現。根據 PortfoliosLab的數據，EEM的 5年回報率為 -0.99%，10年回報率為 1.72%，費用比率為 0.68%。

SPDR Gold Trust （GLD）：一種追蹤黃金價格的交易所交易基金（ETF）。它旨在為投資者提供一種方便且低成本的方式來獲得黃金的市場曝光，黃金被廣泛認為是價值的儲存工具和對抗通脹的避險工具。GLD由State Street發行，並且追蹤的是實物黃金。該基金的結構是 Grantor Trust，這意味著基金的持有人擁有基金資產的所有權，並且可以要求基金贖回黃金。

GLD的費用比率為 0.4%，每年投資者需要支付投資金額的 0.4%作為管理費用。這比許多其他類型的 ETF要高，但考慮到黃金的儲存和保險成本，這個費用比率還是可以接受的。

在過去的 10年中，GLD的年化回報率為 2.93%，而過去 5年的年化回報率為 8.21%。這反映了黃金價格在過去幾年中的上漲趨勢。投資者也需要注意到，GLD的價格波動性較高，過去 10年的波動性為 14.75%，過去 5年的波動性為 14.76%。此外，GLD的最大回撤達到了 45.56%，這意味著在某段時間內，投資者可能會面臨近半的資本損失。

總的來說，GLD是一種投資黃金市場的有效工具。然而，投資者在投資 GLD時，需要考慮到黃金價格的波動性，以及基金的費用比率和結構。

4.2 歐洲 ETF市場

歐洲的 ETF市場在過去的幾年中有著顯著的增長。根據 ETF Strategy的報告，到 2023年，歐洲的 ETF資產已經達到了 1.2萬億歐元的紀錄高位。這個市場的增長主要是由於投資者對於 ETF的多樣性和靈活性的認識提高，以及對於傳統的互惠基金的轉移。

以下是一些在歐洲市場上表現出色的 ETF：

1. iShares MSCI EAFE ETF （EFA）：這是一個由 iShares發行的 ETF，它追蹤 MSCI EAFE指數，涵蓋了歐洲、澳洲和遠東的已開發市場。根據 PortfoliosLab的數據，EFA的 5年回報率為 4.66%，10年回報率為 5.65%，費用比率 0.32%。

2. Vanguard FTSE Europe ETF （VGK）：這是一個由 Vanguard發行的 ETF，它追蹤 FTSE Developed Europe Index，涵蓋了歐洲的已開發市場。根據 PortfoliosLab的數據，VGK的 5年年化回報率為 5.21%，10年年化回報率為 5.94%，費用比率 0.08%。

3. iShares MSCI Eurozone ETF （EZU）：這是一個由 iShares發行的 ETF，它追蹤 MSCI EMU指數，涵蓋了歐元區的大型和中型公司。根據 PortfoliosLab的數據，EZU的 5年回報率為 4.60%，10年回報率為 6.08%，費用比率為 0.51%。

4. WisdomTree Europe Hedged Equity Fund （HEDJ）：這是一個由 WisdomTree發行的 ETF，它追蹤 WisdomTree Europe Hedged Equity Index，涵蓋了歐洲的大型和中型公司，並對美元對歐元的匯率風

險進行避險。根據PortfoliosLab的數據，HEDJ的5年回報率為7.43%，10年回報率為9.24%，費用比率為0.58%。

5. iShares Core MSCI Europe ETF（IEUR）：這是一個由 iShares 發行的 ETF，它追蹤 MSCI Europe Investable Market Index，涵蓋了歐洲的大型、中型和小型公司。IEUR的 5年回報率為 5.08%，10年回報率為 3.65%，費用比率 0.09%。

6. SPDR Euro STOXX 50 ETF（FEZ）：這是一個由 State Street Global Advisors發行的 ETF，它追蹤 Euro STOXX 50指數，涵蓋了歐元區的 50家最大和最具流動性的公司。根據 PortfoliosLab的數據，FEZ的 5年回報率為 6.33%，10年回報率為 6.34%，費用比率為 0.29%。

7. Xtrackers MSCI Europe Hedged Equity ETF（DBEU）：這是一個由 DWS Investment發行的 ETF，它追蹤 MSCI Europe US Dollar Hedged Index，涵蓋了歐洲的大型和中型公司，並對美元對歐元的匯率風險進行避險。根據 PortfoliosLab的數據，DBEU 的 5年回報率為 8.18%，10年回報率為 8.08%，費用比率為 0.45%。

8. iShares Europe ETF（IEV）：這是一個由 iShares發行的 ETF，它追蹤 S&P Europe 350 Index，涵蓋了歐洲的350家最大公司。根據 PortfoliosLab的數據，IEV的 5年回報率為 5.38%，10年回報率為 5.61%，費用比率為 0.6%。

9. iShares MSCI Germany ETF（EWG）：這是一個由 iShares發

行的 ETF，它追蹤 MSCI Germany Index，涵蓋了德國的大型和中型公司。根據 PortfoliosLab的數據，EWG的 5年回報率為 1.39%，10年回報率為 3.94%，費用比率為 0.51%。

10. iShares MSCI United Kingdom ETF （EWU）：這是一個由 iShares發行的 ETF，它追蹤 MSCI United Kingdom Index，涵蓋了英國的大型和中型公司。根據 PortfoliosLab的數據，EWU的 5年回報率為 2.75%，10年回報率為 3.42%，費用比率為 0.50%的。

11. iShares MSCI Netherlands ETF （EWN）

ＥＷＮ是一種追蹤荷蘭股票市場表現的交易所交易基金（ETF）。它旨在為投資者提供一種方便且低成本的方式來投資於荷蘭股票市場。

EWN由 iShares發行，並且追蹤的是 MSCI Netherlands Investable Market Index。該指數包括在荷蘭上市的大、中、小型公司的股票。

EWN的費用比率為 0.5%，即投資者需要支付投資金額的 0.50%作為管理費用。這比許多其他類型的 ETF要高，但考慮到荷蘭股票市場的特殊性，這個費用比率是可以接受的。

在過去的 10年中，EWN的年化回報率為 9.59%，而過去 5年的年化回報率為 8.73%。這反映了荷蘭股票市場在過去幾年中的穩定表現。然而，投資者也需要注意到，EWN的價格波動性較高，過去 10年的波動性為 20.44%，過去 5年的波動性為 24.28%。EWN的最大回撤達到了 65.22%，這意味著在某段時間內，投資者可能會面臨大幅的資本損失。

　　EWN是一種提供荷蘭股票市場曝光的有效工具，然而，投資者在投資 EWN時，需要考慮到荷蘭股票市場的波動性，以及基金的費用比率和結構。

　　這些只是歐洲 ETF市場的一部分，實際上，歐洲的 ETF市場提供了數以千計的產品，涵蓋了各種資產類別，包括股票、債券、商品、房地產。

4.3 亞洲 ETF市場

　　亞洲的 ETF市場在過去的幾年中也有著顯著的增長。根據 ETF Strategy 的報告，預計到 2025年，亞洲太平洋地區的 ETF資產將超過 2萬億美元。這個市場的增長主要是由於投資者對於ETF的多樣性和靈活性的認識提高，以及對於傳統的互惠基金的轉移。

　　以下是一些在亞洲市場上表現出色的 ETF：

　　1. iShares Asia 50 ETF（AIA）：這是由 iShares發行的 ETF，它追蹤 S&P Asia 50 Index，涵蓋了亞洲的 50家最大公司。根據 PortfoliosLab的數據，AIA的 5年回報率為 1.70%，10年回報率為 6.64%，費用比率為 0.5%。

　　2. Vanguard FTSE Pacific ETF（VPL）：這是由 Vanguard發行的 ETF，它追蹤 FTSE Developed Asia Pacific Index，涵蓋了亞洲太平洋地區的已開發市場。根據 PortfoliosLab的數據，VPL的 5年回報率為 3.07%，10年回報率為 5.72%，費用比率為 0.08%。

3. iShares MSCI All Country Asia ex Japan ETF（AAXJ）：這是由 iShares發行的 ETF，它追蹤 MSCI All Country Asia ex Japan Index，涵蓋了亞洲除日本以外的所有國家。根據 PortfoliosLab的數據，AAXJ 的 5年回報率為 0.51%，10年回報率為 4.77%，費用比率為 0.68%。

4. iShares MSCI Taiwan ETF（EWT）：這是一個由 iShares發行的 ETF，它追蹤 MSCI Taiwan 25/50 Index，涵蓋了台灣的大型和中型公司。根據 PortfoliosLab的數據，EWT的 5年回報率為 11.93%，10年回報率為 10.90%，費用比率為 0.59%。

5. iShares MSCI South Korea ETF（EWY）：這是一個由 iShares 發行的 ETF，它追蹤 MSCI South Korea 25/50 Index，涵蓋了南韓的大型和中型公司。根據 PortfoliosLab的數據，EWY的 5年回報率為 1.11%，10年回報率為 4.36%，費用比率為 0.59%。

6. iShares MSCI Hong Kong ETF （EWH）：這是一個由 iShares 發行的 ETF，它追蹤 MSCI Hong Kong 25/50 Index，涵蓋了香港的大型和中型公司。根據 PortfoliosLab的數據，EWH的 5年回報率為 -1.54%，10年回報率為 4.15%，費用比率為 0.49%。

7. iShares China Large-Cap ETF （FXI）：這是一個由 iShares發行的 ETF，它追蹤 FTSE China 50 Index，涵蓋了中國的 50家最大公司。根據 PortfoliosLab的數據，FXI的 5年回報率為 -6.48%，10年回報率為 1.50%，費用比率為 0.74%。

8. iShares MSCI Singapore ETF （EWS）：這是一個由 iShares

發行的 ETF，它追蹤 MSCI Singapore 25/50 Index，涵蓋了新加坡的大型和中型公司。根據 PortfoliosLab的數據，EWS的 5年回報率為 -0.61%，10年回報率為 1.57%，費用比率為 0.50%。

9. iShares MSCI Japan ETF （EWJ）：這是一個由 iShares發行的 ETF，它追蹤 MSCI Japan Index，涵蓋了日本的大型和中型公司。根據 PortfoliosLab的數據，EWJ的 5年回報率為 3.06%，10年回報率為 5.58%，費用比率為 0.49%。

10. iShares MSCI India ETF（INDA）：這是一個由 iShares發行的 ETF，它追蹤 MSCI India Index，涵蓋了印度的大型和中型公司。根據 PortfoliosLab的數據，INDA的 5年回報率為 7.12%，10年回報率為 8.28%，費用比率為 0.69%。

11. iShares MSCI Malaysia ETF（EWM）：這是一個由 iShares發行的 ETF，它追蹤 MSCI Malaysia Index，涵蓋了馬來西亞的大型和中型公司。根據 PortfoliosLab的數據，EWM的 5年回報率為 -5.29%，10年回報率為 -3.71%，費用比率為 0.49%。

12. iShares MSCI Thailand ETF（THD）：這是一個由 iShares發行的 ETF，它追蹤 MSCI Thailand Investable Market Index，涵蓋了泰國的大型和中型公司。根據 PortfoliosLab的數據，THD的 5年回報率為 -1.64%，10年回報率為 2.32%，費用比率為 0.59%。

13. VanEck Vectors Indonesia Index ETF（IDX）：這是一個由 VanEck發行的 ETF，它追蹤 MVIS Indonesia Index，涵蓋了印尼

的大型和中型公司。根據 PortfoliosLab的數據，IDX的 5年回報率
為 -1.31%，10年回報率為 -1.49%，費用比率為 0.57%。

14. iShares MSCI Philippines ETF（EPHE）：這是一個由 iShares
發行的 ETF，它追蹤 MSCI Philippines Investable Market Index，涵蓋
了菲律賓的大型和中型公司。根據 PortfoliosLab的數據，EPHE的 5
年回報率為 -2.49%，10年回報率為 -1.28%，費用比率為 0.59%。

15. VanEck Vectors Vietnam ETF（VNM）：這是一個由 VanEck
發行的 ETF，它追蹤 MVIS Vietnam Index，涵蓋了越南的大型和中
型公司。根據 PortfoliosLab的數據，VNM的 5年回報率 -3.31%，10
年回報率為 -1.99%，費用比率為 0.68%。

這些只是亞洲 ETF市場的一部分，實際上，亞洲的 ETF市場提供了數
以千計的產品，涵蓋了各種資產類別，包括股票、債券、商品、房地產和
其他替代投資。這種多樣性使得投資者可以根據他們的風險承受能力、投
資目標和市場觀點來選擇合適的 ETF。

4.4 新興市場的 ETF市場

新興市場的 ETF市場在過去的幾年中也有著顯著的增長。這些市場通
常包括那些經濟正在快速發展，但仍處於發展初期的國家。新興市場的
ETF提供了一種方便的方式，讓投資者可以投資這些國家的股票市場，而不
需要直接購買這些國家的個別股票。

以下是一些比較著名的新興市場 ETF：

1. iShares MSCI Emerging Markets ETF （EEM）：這是由 iShares 發行的 ETF，它追蹤 MSCI Emerging Markets Index，涵蓋了新興市場的大型和中型公司。根據 PortfoliosLab的數據，EEM的 5年回報率為 -0.78%，10年回報率為 3.31%，費用比率為 0.68%。

2. Vanguard FTSE Emerging Markets ETF （VWO）：這是由 Vanguard發行的 ETF，它追蹤 FTSE Emerging Index，涵蓋了新興市場的大型和中型公司。根據 PortfoliosLab的數據，VWO的 5年回報率為 2.38%，10年回報率為 4.11%，費用比率為 0.08%。

3. iShares Core MSCI Emerging Markets ETF （IEMG）：這是由 iShares發行的 ETF，它追蹤 MSCI Emerging Markets Investable Market Index，涵蓋了新興市場的大型和中型公司。根據 PortfoliosLab的數據，IEMG的 5年回報率為 1.81%，10年回報率為 4.04%，費用比率為 0.14%。

4. iShares MSCI Frontier 100 ETF （FM）：這是由 iShares發行的 ETF，它追蹤 MSCI Frontier Markets 100 Index，涵蓋了前沿市場的大型和中型公司。根據 PortfoliosLab的數據，FM的 5年回報率為 -0.08%，10年回報率為 2.16%，費用比率為 0.79%。

這些只是新興市場 ETF市場的一部分，實際上，新興市場的 ETF市場提供了數以千計的產品，涵蓋了各種資產類別，包括股票、債券、商品、房地產和其他替代投資。這種多樣性使得投資者可以根據他們的風險承受能力、投資目標和市場觀點來選擇合適的 ETF。新興市場的 ETF通常具有較高的風險，但也可能帶來較高的回報。投資者在投資新興市場的ETF時，需要仔細研究並理解這些市場的特性和風險。

新興市場的 ETF也提供了一種獨特的投資機會，讓投資者可以參與到全球經濟的增長中。這些市場通常包括那些經濟正在快速發展，但仍處於發展初期的國家，如中國、印度、巴西和俄羅斯等。這些國家的經濟增長可能會超過已開發國家，因此，投資這些市場的 ETF可能會帶來較高的回報。

新興市場的 ETF也存在著風險，這些市場可能會受到政治不穩定、經濟政策變動、貨幣波動等因素的影響。此外，新興市場的公司可能缺乏透明度，使得投資者難以獲得準確和及時的信息。因此，投資新興市場的ETF需要謹慎，並應該作為一個更大投資組合的一部分，以分散風險。

新興市場的 ETF市場提供了一種獨特的投資機會，讓投資者可以參與到全球經濟的增長中。然而，這也需要投資者有足夠的知識和理解，以確保他們能夠做出明智的投資決策。

第五章
全球 ETF 市場的趨勢與發展

5.1 ETF市場的規模與成長

　　2023年第一季度，交易所交易基金（ETF）在全球金融市場中所佔比例仍然相對較小，但增長顯著。ETF佔股票市場的 4.1%至 12.7%，佔固定收益資產市場的 0.3%至 2.7%，具體取決於地區。但從交易量來看，2023年第一季度，美國 ETF日均交易量佔美國股票總交易量的 31.4%，歐洲 ETF佔歐洲股票總交易量的 11.3%，亞太 ETF佔亞太股票總交易量的 12.6%。

　　2022年，ETF市場的規模和增長也有所增加。例如，主動型 ETF市場的資產管理規模（AUM）從年初的 2931億美元增長到年末的 3400多億美元，全年現金流量超過 800億美元，年底流量達到 855億美元.

　　根據摩根大通資產管理部門，預測到 2028年，美國 ETF的增長將使該行業的資產從目前的約 7萬億美元增至 15萬億美元，表示 ETF市場在未來五年內可能增長一倍以上。

　　以下是一些具體的例子：

　　1. iShares ESG Aware MSCI USA ETF （ESGU）：這是一個由iShares發行的 ETF，它追蹤 MSCI USA ESG Focus Index，涵蓋了

美國的大型和中型公司。根據 PortfoliosLab的數據，ESGU的 5年回報率為 11.17%，10年回報率為 13.83%，並且具有 0.15%的費率。2020年，ESGU吸引了96億美元的投資，是流入最多的可持續基金。

2. Brown Advisory Sustainable Growth Fund （BIAWX）：這是一個由 Brown Advisory Funds發行的互惠基金，它投資於具有可持續業務優勢的中大型公司的股票。根據 PortfoliosLab的數據，BIAWX 的 5年回報率為 13.71%，10年回報率為 15.18%，並且具有 0.78%的費率。

這些數據顯示，ETF市場的規模和成長速度正在加快。這主要是由於投資者對 ETF的需求增加，以及新的 ETF產品和策略的出現。此外，許多大型資產管理公司，如 BlackRock和 Vanguard，也在積極推廣 ETF，進一步推動了 ETF市場的發展。

儘管 ETF市場的規模和成長速度令人驚嘆，ETF市場仍然存在許多挑戰，例如，ETF的監管環境仍然在變化，這可能會影響 ETF的發展和投資者的信心。此外，ETF市場的創新也帶來了新的風險，投資者需要有足夠的知識和理解，才能做出明智的投資決策。

ETF市場的規模和成長顯示了 ETF作為一種投資工具的吸引力。隨著更多的投資者認識到 ETF的優勢，包括其靈活性、透明度和成本效益，我們預計 ETF市場將繼續擴大和發展。

在這個過程中，教育和信息的透明度將是關鍵。投資者需要理解他們正在投資的 ETF的特性和風險，而基金經理和監管機構則需要提供足夠的信息和監管，以確保 ETF市場的公平和透明。

　　此外，隨著新的 ETF產品和策略的出現，我們也將看到 ETF市場的多樣性和創新力量。這不僅將提供更多的投資選擇，也將推動 ETF市場的進一步發展。

新的 ETF產品

　　在過去的幾年中，全球 ETF市場的規模和成長速度都在加速。根據 ETFGI的報告，2014年第一季度，全球 ETF和 ETP的資產達到了 2. 45兆美元的新高。然而，這只是開始。隨著更多的投資者認識到 ETF的優勢，包括其靈活性、透明度和成本效益，預計 ETF市場將繼續擴大和發展。

　　許多大型資產管理公司也在積極推出新的 ETF產品，以滿足投資者的需求，例如由 ARK Investment Management發行的 ARK Innovation ETF（ARKK），它專注於投資於創新科技公司。根據 PortfoliosLab的數據，ARKK的 5年回報率為 -0.17%，10年回報率為 10.69%，並且具有 0.75%的費率。ARKK是一個非常受歡迎的 ETF，因為它提供了一種簡單、成本效益高的方式，讓投資者能夠投資在科技股的領域。

　　以下是一些其他的例子：

　　　1. Vanguard Total Bond Market ETF （BND）：這是一個由 Vanguard發行的 ETF，它追蹤 Bloomberg Barclays U.S. Aggregate Bond Index，涵蓋了美國的投資級別債券，包括政府債券、公司債券和抵押貸款證券。根據 PortfoliosLab的數據，BND的 5年回報率為

0.76%，10年回報率為 1. 32%，並且具有 0.03%的費率。

2. iShares Core U.S. Aggregate Bond ETF（AGG）：這是一個由 iShares發行的 ETF，它追蹤 Barclays Capital U.S. Aggregate Bond Index。根據 PortfoliosLab的數據，AGG的 5年回報率為 0.8%，10年回報率為 1.35%，並且具有 0.05%的費率。AGG是全球最大的債券ETF，它提供了一種簡單、成本效益高的方式，讓投資者能夠投資在美國投資級別債券。

ETF的新趨勢

在過去的幾年中，ETF市場的規模和成長速度都在加速。這是由於投資者對 ETF的需求增加，以及新的 ETF產品和策略的出現。以下是一些趨勢和發展：

資產類別趨勢：投資者越來越多地將 ETF用作投資組合的基礎，並將其視為一種多元化投資的工具。這包括使用 ETF來獲得特定資產類別的曝光，如股票、債券、商品和不動產。

行業 ETF：行業 ETF提供了一種簡單的方式，讓投資者能夠投資在特定行業，包括像是科技、醫療保健、消費品和能源等行業的 ETF。

主動管理 ETF：儘管大多數 ETF都是被動管理的，但主動管理 ETF的數量正在增加。這些 ETF由投資經理管理，他們會根據市場條件和投資策略來選擇和調整 ETF的持有資產。

貨幣管理：隨著全球化的加速，投資者越來越需要管理外匯風險。這包括使用貨幣避險 ETF來降低外匯風險，或者使用貨幣 ETF來投資在特定貨幣。

智能 Beta策略：智能 Beta策略是一種新的投資策略，它結合了被動管理和主動管理的優點。這些策略通常使用一種或多種投資因子，如價值、動量、質量、風險和收益等，來選擇和權重 ETF的持有資產。

以上的趨勢和發展都顯示，ETF市場正在迅速發展和創新，以滿足投資者的需求。隨著更多的投資者認識到 ETF的優勢，預計 ETF市場將繼續擴大和發展。

5.2 新興的 ETF類型與策略

在過去的幾年中，ETF市場的創新和多樣化已經達到了新的高度。新興的 ETF類型和策略不僅滿足了投資者對多樣化投資組合的需求，也提供了新的投資機會。隨著 ETF市場的發展，新的 ETF類型和投資策略不斷出現，以滿足投資者的多元化需求。以下是一些新興的 ETF類型和策略：

1. 主題 ETF：主題 ETF專注於特定的投資主題或趨勢，如科技創新、綠色能源、人工智能等。這些 ETF讓投資者能夠方便地獲得特定主題的市場曝光。例如，Global X Robotics & Artificial Intelligence ETF （BOTZ）專注於全球的機器人和人工智能公司。在過去的 10年中，BOTZ的年化回報率為 10.66%，而過去 5年的年化回報率為 4.24%。

2. ESG ETF：ESG（環境、社會和治理）ETF專注於那些在環境保護、社會責任和良好企業治理方面表現優秀的公司。這些ETF讓投資者能夠將他們的投資與他們的價值觀相結合。例如，iShares ESG MSCI USA ETF（ESGU）追蹤的是那些在 ESG表現上得分高的美國公司。在過去的 10年中，ESGU的年化回報率為13.83%，而過去5年的年化回報率為11.06%。

3. 智能 Beta ETF：使用替代的指數建構方法，以提供優於傳統市值加權指數的風險調整後回報。這些 ETF可能會根據公司的盈利、股息、質量或其他因素來權重持股。例如，Invesco S&P 500 High Dividend Low Volatility ETF（SPHD）專注於 S&P 500指數中的高股息低波動性股票。在過去的 10年中，SPHD的年化回報率為8.04%，而過去5年的年化回報率為4.13%。

4. 活躍管理 ETF：儘管大多數 ETF都是被動管理的，但也有一些 ETF是由基金經理活躍管理的。這些 ETF的目標是通過選股或時機選擇來超越基準指數。例如，ARK Innovation ETF（ARKK）由基金經理活躍管理，專注於投資於顛覆性創新的公司，如基因組學、能源儲存和機器人技術。在過去的 10年中，ARKK的年化回報率為 9.93%，而過去5年的年化回報率為 -0.41%。ARKK 於 2014年 10月 31日推出，費用比率為 0.75%。

5. 收益生成 ETF：這類 ETF的目標是通過賣出期權來產生收益。例如，Global X NASDAQ 100 Covered Call ETF（QYLD）追蹤的是 CBOE NASDAQ-100 Buy Write V2指數，該指數衡量的是對

NASDAQ-100指數進行覆蓋式賣權策略的表現。根據 PortfoliosLab的數據，QYLD的 5年回報率為 4.98%，10年回報率為 7.11%，並且具有 0.60%的費率。

6. 股息增長 ETF：這類 ETF的目標是投資在那些有穩定增長股息的公司。例如，Vanguard Dividend Appreciation ETF （VIG） 追蹤的是 NASDAQ US Dividend Achievers Select Index，該指數由有持續增長股息的美國公司組成。根據 PortfoliosLab的數據，VIG的 5年回報率為 10.96%，10年回報率為 10.98%，並且具有 0.06%的費率。

7. 高股息 ETF：這類 ETF的目標是投資在那些股息收益率高的公司。例如，SPDR S&P Dividend ETF （SDY） 追蹤的是 S&P High Yield Dividend Aristocrats Index，該指數由在過去 25年內每年都有提高股息的公司組成。根據 PortfoliosLab的數據，SDY的 5年回報率為 8.73%，10年回報率為 10.12%，並且具有 0.35%的費率（以上數據截至 2023年 6月 15日）。

這些新興的 ETF類型和策略提供了新的投資機會，並讓投資者能夠更好地滿足他們的投資目標和風險承受能力。隨著 ETF市場的發展和創新，我們預計將會有更多的新興 ETF類型和策略出現。

5.3 ETF市場的監管環境

在全球金融市場中，ETF市場的監管環境是一個重要且不可忽視的部分。監管機構的主要目標是確保市場的公平性、透明度和穩定性，並保護投資者的利益。然而，隨著 ETF市場的快速發展和創新，監管機構面臨著許多挑戰，需要不斷調整和更新其監管政策和規定。

‧**在美國**，證券交易委員會（SEC）是主要的監管機構，負責監管ETF市場。SEC的主要目標是保護投資者，維護公平、秩序、效率的市場，並促進資本形成。為了達到這些目標，SEC制定了一系列的規則和規定，包括對 ETF的結構、運作、披露和交易的規定。例如，SEC要求 ETF必須每天公開其投資組合的具體內容，以確保市場的透明度。其中，ARK創新 ETF（ARKK）就是一個例子。這是一個由 ARK投資管理公司管理的主動管理 ETF，專注於投資於具有顛覆性創新的公司，如基因組學、能源儲存和機器人技術等領域的公司。然而，由於其投資策略的獨特性和風險性，ARKK在獲得 SEC的批准上經歷了一段較長的時間。此外，SEC還對 ETF的創新和新型結構進行了嚴格的審查，以確保其符合投資者保護的原則。此外，金融業監管局（FINRA）也對ETF進行監管，主要關注的是市場行為和交易實踐。

‧**在歐洲**，ETF市場的監管主要由歐洲證券和市場管理局（ESMA）負責。ESMA的主要目標是保護投資者，確保市場的穩定和秩序，並促進監管的一致性和協調。為了達到這些目標，ESMA制定了一系列的規則和規定，包括對 ETF的結構、運作、披露和交易的規定。例如，ESMA要求 ETF必須提供詳細的投資組合信息，包括其投資策略、風險和收益的詳細說明。此外，ESMA還對 ETF的創新和新型結構進行了嚴格的審查，以確保其符合投資者保護的原則。

    ·在亞洲，ETF市場的監管環境各不相同，主要取決於各國的金融監管體系和政策。大多數亞洲國家的監管機構都致力於保護投資者，維護市場的公平、公平和穩定，並促進市場的透明度和效率。例如，中國的證券監管委員會（CSRC）和香港的證券及期貨事務監察委員會（SFC）都制定了一系列的規則和規定，對ETF的結構、運作、披露和交易進行了嚴格的監管。在日本，金融服務廳（FSA）是主要的監管機構。這些監管機構的主要目標是保護投資者，維護市場的公平和穩定，並促進資本市場的發展。

    ·在新興市場，ETF市場的監管環境也在不斷發展和變化。許多新興市場的監管機構正在努力提升其監管能力，以應對 ETF市場的快速發展和創新。例如，巴西的證券交易委員會（CVM）和印度的證券交易委員會（SEBI）都在近年來加強了對 ETF市場的監管，並制定了一系列的新規則和規定。

    隨著 ETF市場的發展，監管機構也在努力確保市場的穩定。例如，一些監管機構對 ETF的流動性和市場影響進行更嚴格的監管，以防止市場的過度波動。在一些地區，監管機構也在努力推動 ETF市場的創新。例如，一些監管機構開始允許 ETF提供更多的投資策略和產品類型，以滿足投資者的不同需求。

    儘管監管機構在努力確保 ETF市場的公平、透明和穩定，但也面臨著一些挑戰。隨著 ETF市場的發展，監管機構需要不斷調整和更新其監管規定，以應對新的市場趨勢和變化。

5.4 ETF市場的創新與挑戰

ETF市場的創新與挑戰是不斷發展，值得注意的，有以下幾種 ETF。

加密貨幣 ETF

近年來，加密貨幣（如比特幣和以太坊）的興起，引發了對加密貨幣 ETF 的需求。這種 ETF使投資者能夠透過購買一種證券，來間接投資於一種或多種加密貨幣。然而，這種創新也有很高風險，因為加密貨幣的價格波動性極高，可能會導致投資者遭受重大損失。此外，加密貨幣市場的監管環境尚不明確，可能會對 ETF的結構和運作帶來影響。

一些加密 ETF直接持有加密貨幣，例如比特幣，而其他 ETF可能持有加密相關公司的股權，或者可能通過加密貨幣衍生品（例如期貨合約）提供間接敞口。加密 ETF使投資者能夠從數字貨幣領域以及區塊鍊或採礦等相關技術的增長中獲益，而無需購買或存儲加密貨幣。

市場上第一個加密貨幣 ETF是 PROSHARES比特幣策略 ETF（BITO），它於 2021年 10月 19日在紐約證券交易所 ARCA交易所開始交易。作為市場上最大的加密貨幣 ETF，BITO並不直接投資於比特幣。該基金投資於以現金結算的即月比特幣期貨。

加密 ETF包括交易所交易基金、指數、投資於加密公司的風險基金、加密共同基金、加密對沖基金、加密信託和加密相關基金。

加密交易所交易基金或 ETF：投資於加密期貨的基金。例如，PROSHARE BITCOIN STRATEGY ETF 和 VALKYRIE BITCOIN STRATEGY ETF（自 2021 年以來在美國僅有的兩個）投資於比特幣期貨等加密貨幣期貨合約，並跟踪比特幣等基礎資產的價格。

以下是一些熱門加密貨幣投資基金：

- PROSHARES比特幣策略 ETF（BITO）
- VALKYRIE比特幣策略 ETF（BTF）
- VANECK比特幣策略 ETF（XBTF）
- 灰度比特幣信託（GBTC）
- BITWISE 10加密貨幣指數基金（BITW）
- GLOBAL X區塊鍊和比特幣策略 ETF（BITS）
- 灰度以太坊信託（ETHE）
- 放大轉型數據共享 ETF（BLOK）
- FIRST TRUST SKYBRIDGE CRYPTO INDUSTRY AND DIGITAL ECONOMY ETF （CRPT）
- SIREN 納斯達克下一代經濟 ETF
- FIRST TRUST INDXX INNOVATIVE TRANSACTION & PROCESS ETF
- 簡化 US EQUITY PLUS GBTC ETF
- VALKYRIE 資產負債表機會 ETF（VBB）
- BITWISE CRYPTO INDUSTRY INNOVATORS ETF（BITQ）
- 全球 X區塊鏈 ETF（BKCH）
- CAPITAL LINK全球金融科技領袖 ETF（KOIN）
- VANECK數字化轉型 ETF（DAPP）

而其中的 PROSHARES比特幣策略 ETF、VALKYRIE比特幣策略 ETF而及 VANECK比特幣策略 ETF而是比較值得留意的。

PROSHARES比特幣策略 ETF （BITO）

美國 PROSHARES比特幣策略 ETF於 2021年 10月 19日推出，是美國首個獲批的比特幣 ETF，在推出後的兩天內積累了 10億美元。作為最好的加密ETF之一，它投資於比特幣期貨而不是現貨比特幣。

該基金不涉及交易員直接購買期貨合約，而是向投資者提供股票。換句話說，它將投資者的資金集中起來投資於這些期貨，同時提供為投資者帶來股息的股票。

除了投資比特幣期貨合約，ETF還可以投資美國國庫券和回購協議作為現金頭寸的短期投資工具。它還可以使用槓桿。

特點：投資以現金結算的即月比特幣期貨，因此到期時間最短。

受商品期貨交易委員會監管。

成立時間：2021年 10月 18日

交易所：NYSE ARCA

YTD回報率：-4.47%

費用率：0.95%

管理資產：10.9億美元

已發行股票：45,720,001

最低投資金額：10,000美元

VALKYRIE比特幣策略 ETF（BTF）

VALKYRIE BITCOIN STRATEGY ETF交易代碼為 BTF，是新加密 ETF之一。它是在 PROSHARES的比特幣期貨 ETF上市三天後推出的。

與 BITO一樣，BTF不直接投資比特幣。相反，它通過開曼群島公司的子公司投資於在芝加哥商品交易所交易的比特幣期貨。投資者無需向 IRS 提交 K-1表格。

該基金盡可能購買相當於其淨資產 100%的期貨合約，然後提供投資者可以在市場上買賣的股票。因此，BTF的投資者投資於基金的股份，而不是期貨合約或比特幣的直接交易。

特點：沒有績效費；管理費為 0.4%

COINBASE託管人

成立時間：2021年 10月 22日

交易所：NYSE ARCA

YTD回報率：-10.25%

費用率或費用：0.95%

管理資產：4488萬美元

已發行股票：280萬股

最低投資額：25,000美元

VANECK比特幣策略 ETF（XBTF）

新的加密貨幣 ETF之一，VANECK比特幣策略 ETF或 XBTF，是 2021年 11月 15日推出的第一隻與美國掛鉤的 ETF。以 0.65%的費用比率，它是比特幣期貨 ETF中最便宜的選擇。與 BTO和 BTF一樣，投資者購買該基金的股票，然後可以在 CBOE交易所買賣股票。

股票只能通過具有投資組合管理和各種投資產品的直接經紀賬戶進行交易，並提供允許您管理投資的自由和靈活性。新的加密貨幣 ETF和基金的結構類似於 C型公司，旨在為投資者提供高效的稅務體驗。

除了投資比特幣期貨，它還投資股票、債券和現金。部分每日持有量包括股票代碼為 BTCH2的債券和 BTC期貨。

特點：迄今為止最低的費用比率，費率僅為 0.65%。

年度分發

期權可用於交易

每月徵費

無表現費或贖回費

美國認可的合格境外投資者

交易所交易：CBOE

YTD回報率：-16.23%

費率：0.65%

管理資產：2810萬美元

最低投資額：100,000美元

投資者應牢記，加密 ETF和其他主題基金可用作多元化投資組合的一部分，但投資於利基領域通常會伴隨高風險和高回報潛力。例如，2023年表現最好的加密貨幣基金年初的收益在 61.95%到 98.66%之間，但在 2022年下跌了 80%或更多。

主動管理 ETF

傳統的 ETF通常是被動管理的，意味著它們追蹤一個特定的指數。然而，近年來也出現了不少主動管理的 ETF（ACTIVELY MANAGED ETF）。這是一種交易所交易基金，其投資組合經常由基金經理進行調整，以達到預定的投資目標。這種 ETF與被動管理 ETF不同，後者只追蹤特定的市場指數。主動管理 ETF的目標是超過市場平均回報或達到其他投資目標。以下是一些主動管理 ETF的例子：

1. ARK創新 ETF（ARKK）：由 Catherine Wood領導的 ARK Investment Management發行的一種 ETF，該基金由該公司積極管理。ARK Investment Management是一家專門從事顛覆性創新和技術的紐約資產管理公司，專注於投資於「破壞性創新」的公司。ARKK於 2014年 10月 31日推出，費用比率為 0.75%。

ARKK的目標是為投資者提供接觸涉及顛覆性創新的多元化公司組合的機會，例如從事基因組學、能源儲存和機器人技術的公司。該基金適合尋求高增長、高風險投資策略並願意接受其投資組合可能出現重大波動的投資者。

ARKK採用自下而上、研究驅動的方法來選擇基金的底層持有物。他們尋找有潛力顛覆其各自行業並提供長期增長機會的公司。

ARKK的一年回報率為 -7.2%，五年回報率為 -0.18%，十年回報率為 10.23%。該基金的波動性在過去一年、五年和十年分別為 55.45%、46.3% 和 37.94%。該基金的 SHARPE比率為 -0.0846，顯示出該基金的風險調整回報率。（截至 2023年 6月 9日）。

2. JPMORGAN超短期收益 ETF（JPST）：JPMORGAN超短期收益 ETF（JPST）是由 JPMORGAN CHASE發行的一種 ETF，主要投資於超短期的國際公司債券。該 ETF是一種債券 ETF，主要投資於北美地區，特別是美國的債券。該 ETF的總資產規模達到了數百億美元，使其成為全球最大的 ETF之一。

JPST的費用比率為 0.18%，這是投資者需要支付的年度管理費用，用於支付基金管理和運營的費用。該 ETF的平均日交易量為數百萬股，顯示出其在市場上的流動性。

JPST的主要投資類別包括國際公司債券，這些債券的期限非常短，通常在一年以下。這使該 ETF的風險相對較低，並能提供穩定的收益。

在過去的一年中，JPST的總回報率為 3.09%，顯示出其在長期投資中的穩定性和可靠性。然而，投資者在投資 JPST時仍需要考慮到市場風險，並應根據自己的風險承受能力和投資目標來決定投資比例。（截至 2023年 6月 8日）。

3. PIMCO增強短期活躍交易所交易基金（MINT）：由 PIMCO發行的一種交易所交易基金（ETF），該基金由該公司積極管理。該基金於 2009年11月 16日推出，費用比率為 0.36%。

MINT的目標是為投資者提供接觸短期、高質量固定收益證券的機會，為投資者提供收入和資本保值。該基金可能適合尋求高收益替代現金投資並對抗利率風險的保守投資者。

MINT採用積極的投資管理策略，尋找有潛力提供穩定收入和資本保值的短期固定收益證券。

MINT的一年回報率為 3.22%，五年回報率為 1.48%，十年回報率為1.34%。該基金的波動性在過去一年、五年和十年分別為 0.76%、1.27%和0.97%。該基金的SHARPE比率為 4.2484，顯示出該基金的風險調整回報率。（截至 2023年 6月 8日）。

這些只是主動管理 ETF的一些例子，還有許多其他的基金，每個基金都有其獨特的投資策略和目標。

環境、社會和治理（ESG）ETF

隨著投資者越來越關注企業的 ESG表現，ESG ETF已經出現。這種 ETF投資於符合特定 ESG標準的公司。例如，iShares ESG MSCI USA ETF（ESGU）就是一種 ESG ETF，它追蹤的是 MSCI USA ESG Focus Index，該指數包含了在環境、社會和治理方面表現出色的美國公司。然而，ESG標準可能會因地區和評估機構而異，可能會對ETF的結構和運作帶來影響。

此外，ESG ETF可能會忽視某些有利可圖但 ESG表現不佳的公司，可能會影響其回報。

因子 ETF

因子 ETF是一種特殊類型的交易所交易基金，它們根據特定的投資因子來選擇其投資組合的成分。這些投資因子通常是基於研究和數據分析，並被認為可以預測股票的未來表現。

常見的投資因子包括價值、動量、質量、規模和風險。

價值因子：這種因子尋找那些被市場低估的股票。這些股票的價格可能低於其內在價值，因此可能提供投資機會。

動量因子：這種因子尋找那些近期表現良好的股票。這種策略的理念是，股票的價格動量可能會持續一段時間。

質量因子：這種因子尋找那些具有強大財務基礎的公司。這可能包括高利潤率、低債務水平和穩定的盈利增長。

規模因子：這種因子尋找那些市值較小的公司。這些公司可能有更大的成長潛力，但也可能面臨更大的風險。

風險因子：這種因子尋找那些風險較低的股票。這可能包括那些波動性較低或與市場相關性較低的股票。

因子 ETF提供了一種簡單的方式，讓投資者能夠根據這些因子來構建他們的投資組合。然而，因子投資並不保證能夠產生超額回報，並且可能會增加投資風險。

以下是一些因子 ETF的例子，包括其基本信息和近期表現：

1. ISHARES EDGE MSCI USA MOMENTUM FACTOR ETF（MTUM）：該 ETF 追蹤 MSCI USA MOMENTUM INDEX，專注於投資在美國具有強勁價格動量的大型和中型股票。該基金的五年年化回報率為 5.36%，十年年化回報率為 11.67%。該基金的費用比率為 0.15%。

2. ISHARES EDGE MSCI USA VALUE FACTOR ETF（VLUE）：該 ETF 追蹤 MSCI USA VALUE WEIGHTED INDEX，專注於投資在美國被市場低估的大型和中型股票。該基金的五年年化回報率為 4.18%，十年年化回報率為 8.8%。該基金的費用比率為 0.15%。

3. ISHARES EDGE MSCI USA QUALITY FACTOR ETF（QUAL）：該 ETF 追蹤 MSCI USA QUALITY INDEX，專注於投資在美國具有高質量特徵的大型和中型股票，如高回報權益和穩定的盈利增長。該基金的五年年化回報率為 10.14%，十年年化回報率為 11.85%。該基金的費用比率為 0.15%。

4. ISHARES MSCI USA SIZE FACTOR ETF（SIZE）：該 ETF 追蹤 MSCI USA LOW SIZE，專注於投資在美國市值較小的大型和中型股票。該基金的五年年化回報率為 8.7%，十年年化回報率為 11.52%。該基金的費用比率為 0.15%。

5. ISHARES EDGE MSCI MIN VOL USA ETF（USMV）：該 ETF 追蹤 MSCI USA

MINIMUM VOLATILITY INDEX，專注於投資在美國波動性較低的大型和中型股票。該基金的五年年化回報率為 8.08%，十年年化回報率為 10.25%。該基金的費用比率為 0.15%（以上截至 2023年 6月 8日）。

投資 ETF時，除了考慮因子外，還需要考慮其他因素，如費用、流動性、追蹤誤差等。此外，過去的表現並不能保證未來的結果。

主題 ETF

主題 ETF是一種特殊類型的交易所交易基金，它們根據特定的主題或趨勢來選擇其投資組合的成分。這些主題可能包括特定的產業、技術、宏觀經濟趨勢或社會變革。以下是一些主題 ETF的例子：

科技主題 ETF

這些 ETF專注於科技行業或特定的科技趨勢，如人工智能、雲計算或半導體。例如，TECHNOLOGY SELECT SECTOR SPDR FUND（XLK）就是一種科技主題 ETF。以下是一些科技主題 ETF的例子，包括其基本信息和近期表現：

1. TECHNOLOGY SELECT SECTOR SPDR FUND （XLK）：該 ETF追蹤 TECHNOLOGY SELECT SECTOR INDEX，專注於投資在 S&P 500指數中的科技部門，包括電腦硬體、軟體和通訊行業的公司。該基金的五年年化回報率為 19.55%，十年年化回報率為 19.65%。該基金的費用比率為 0.13%。

2. VANGUARD INFORMATION TECHNOLOGY ETF （VGT）：該 ETF追蹤 MSCI US INVESTABLE MARKET INFORMATION TECHNOLOGY 25/50 INDEX，專注於

投資在開發和市場科技產品和服務的美國公司。該基金的五年年化回報率為 18.71%，十年年化回報率為 19.95%。該基金的費用比率為 0.10%。

3. FIDELITY MSCI INFORMATION TECHNOLOGY INDEX ETF（FTEC）：該 ETF追蹤 MSCI USA IMI INFORMATION TECHNOLOGY INDEX，專注於投資在美國資訊科技部門的公司。該基金的五年年化回報率為 18.06%，十年年化回報率為 19.4%。該基金的費用比率為 0.08%（以上資訊截至 2023年 6月 9日）。

環保主題 ETF

這些 ETF專注於環保或可持續發展的公司。例如，ISHARES GLOBAL CLEAN ENERGY ETF（ICLN）就是一種環保主題 ETF。以下是一些環保主題 ETF的例子，包括其基本信息和近期表現：

1. ISHARES GLOBAL CLEAN ENERGY ETF（ICLN）：該 ETF追蹤 S&P GLOBAL CLEAN ENERGY INDEX，專注於投資在全球清潔能源生產的公司，如風能和太陽能、生物燃料和能源儲存。該基金的五年年化回報率為 16.65%，十年年化回報率為 9.79%。該基金的費用比率為 0.46%。

2. INVESCO SOLAR ETF（TAN）：該 ETF追蹤 MAC GLOBAL SOLAR ENERGY INDEX，專注於投資在全球太陽能產業的公司。該基金的五年年化回報率為 25.34%，十年年化回報率為 11.96%。該基金的費用比率為 0.69%。

3. FIRST TRUST NASDAQ CLEAN EDGE GREEN ENERGY INDEX

FUND （QCLN）：該 ETF追蹤 NASDAQ CLEAN EDGE GREEN ENERGY，專注於投資在美國清潔能源公司。該基金的五年年化回報率為 21.11%，十年年化回報率為 14.08%。該基金的費用比率為 0.60%（以上資訊截至 2023 年 6 月 9 日）。

醫療保健主題 ETF

這些 ETF專注於醫療保健行業或特定的醫療保健趨勢，如生物技術或醫療設備。以下是一些醫療保健主題 ETF的例子，包括其基本信息和近期表現：

1. HEALTH CARE SELECT SECTOR SPDR FUND （XLV）：該 ETF追蹤 HEALTH CARE SELECT SECTOR INDEX，專注於投資在製藥、醫療設備和供應、以及醫療服務提供者等行業的公司。該基金的五年年化回報率為 10.76%，十年年化回報率為 12.16%。該基金的費用比率為 0.12%。

2. VANGUARD HEALTH CARE ETF （VHT）：該 ETF追蹤 MSCI US INVESTABLE MARKET HEALTH CARE 25/50 INDEX，專注於投資在美國醫療保健行業的公司。該基金的五年年化回報率為 9.86%，十年年化回報率為 12.17%。該基金的費用比率為 0.10%。

3. ISHARES U.S. HEALTHCARE ETF （IYH）：該 ETF追蹤 DOW JONES U.S. HEALTH CARE INDEX，專注投資美國醫療保健行業。該基金的五年年化回報率為 10.08%，十年年化回報率為 11.87%。該基金的費用比率為 0.43%（以上資訊截至 2023 年 6 月 9 日）。

新興市場主題 ETF

這些 ETF專注於新興市場的公司。以下是一些新興市場主題 ETF的例子，包括其基本信息和近期表現：

1. VANGUARD FTSE EMERGING MARKETS ETF （VWO）：該 ETF追蹤 FTSE EMERGING INDEX，專注於投資在新興市場的大型和中型股票。該基金的五年年化回報率為 0.91%，十年年化回報率為 2.92%。該基金的費用比率為 0.08%。

2. ISHARES CORE MSCI EMERGING MARKETS ETF （IEMG）：該 ETF追蹤 MSCI EMERGING MARKETS INVESTABLE MARKET INDEX，專注於投資在新興市場的大型和中型股票。該基金的五年年化回報率為 0.24%，十年年化回報率為 2.87%。該基金的費用比率為 0.14%。

3. ISHARES MSCI EMERGING MARKETS ETF （EEM）：該 ETF追蹤 MSCI EMERGING MARKETS INDEX，專注於投資在新興市場的大型和中型股票。該基金的五年年化回報率為 -0.77%，十年年化回報率為 2.13%。該基金的費用比率為 0.68%（以上截至 2023年 6月 9日）。

消費主題 ETF

這些 ETF專注於消費行業，包括消費者必需品和消費者可選擇品。以下是一些消費主題 ETF的例子，包括其基本信息和近期表現：

1. CONSUMER DISCRETIONARY SELECT SECTOR SPDR FUND

（XLY）：該 ETF追蹤 CONSUMER DISCRETIONARY SELECT SECTOR INDEX，專注於投資在消費者非必需品行業的公司。該基金的五年年化回報率為 8.99%，十年年化回報率為 12.36%。該基金的費用比率為 0.13%。

2. CONSUMER STAPLES SELECT SECTOR SPDR FUND （XLP）：該 ETF追蹤 CONSUMER STAPLES SELECT SECTOR INDEX，專注於投資在消費者必需品行業的公司，如食品、飲料和家庭用品。該基金的五年年化回報率為 10.51%，十年年化回報率為 8.89%。該基金的費用比率為 0.13%。

3. VANGUARD CONSUMER STAPLES ETF （VDC）：該 ETF追蹤 MSCI US INVESTABLE MARKET CONSUMER STAPLES 25/50 INDEX，專注於投資在美國消費者必需品行業的公司。該基金的五年年化回報率為 10.5%，十年年化回報率為 9.05%。該基金的費用比率為 0.10%（以上截至 2023年 6月 9日）。

主題 ETF提供了一種簡單的方式，讓投資者能夠根據他們對特定主題的看法來構建他們的投資組合。投資者需要注意的是，主題 ETF可能會帶來更高的風險，因為他們通常會集中投資在特定的行業或趨勢上，而這些行業或趨勢可能會受到快速變化的影響。

槓桿 ETF和反向 ETF

槓桿 ETF和反向 ETF都是交易所交易基金（ETF）的變體，它們使用複雜的金融工具來達到其投資目標。這兩種類型的 ETF都被視為更風險，並且主要用於短期交易，而不是長期投資。

槓桿 ETF：這種 ETF使用金融衍生品和債務來放大其追蹤的指數的日常回報。例如，一個 2倍槓桿的 ETF將嘗試每天提供其追蹤的指數的兩倍回報。如果指數上漲 1%，那麼槓桿 ETF的目標將是上漲 2%。

同樣，如果指數下跌 1%，那麼槓桿 ETF將下跌 2%。需要注意的是，這種放大效果僅適用於單日回報，長期來看，實際回報可能會與期望的倍數回報有所偏差。

反向ETF：這種 ETF的目標是提供其追蹤的指數的相反回報。例如，如果一個反向 ETF追蹤的指數在一天內下跌 1%，那麼 ETF的價值將上漲 1%。反之，如果指數上漲 1%，那麼 ETF的價值將下跌 1%。與槓桿 ETF一樣，這種反向關係僅適用於單日回報，長期來看，實際回報可能會與期望的反向回報有所偏差。

這兩種類型的 ETF都需要較高的風險承受能力，並且需要投資者對市場有深入的理解。在使用這些工具時，投資者需要謹慎，並確保他們完全理解這些產品的風險和回報特性。例如，ProShares UltraShort S&P500（SDS）是一種反向 ETF，它旨在提供 S&P 500指數的 -200%的日回報。

另一方面，ProShares UltraPro QQQ（TQQQ）是一種槓桿 ETF，它旨在提供 NASDAQ-100指數的 300%的日回報。然而，這些 ETF的價格波動性極高，且可能會在短期內產生重大損失。此外，這些 ETF的結構和運作可能會比傳統的 ETF更複雜，可能會增加投資者的理解和分析負擔。

非傳統資產類別的 ETF

　　非傳統資產類別的 ETF通常指的是那些不包括在傳統的股票、債券和現金投資中的資產類別。這些可能包括商品、房地產、貨幣、換手率和其他替代投資。

　　商品 ETF：這些 ETF追蹤特定商品的價格，如黃金、石油、銀或農產品。例如，SPDR GOLD SHARES （GLD）追蹤黃金價格，UNITED STATES OIL FUND （USO）追蹤石油價格。以下是一些商品 ETF的例子：

　　1. GRANITESHARES PLATINUM SHARES （PLTM）

　　- 預期回報：10.36%

　　- 預期風險：28.39%

　　- 預期夏普比率：0.1812

　　- 費用比率：0.5%

　　- 是否具有足夠的多元化：否

　　2. ABRDN BLOOMBERG ALL COMM LONGER DT STRATEGY K-1

　　FREE ETF （BCD）

　　- 預期回報：8.14%

　　- 預期風險：16.24%

　　- 預期夏普比率：0.1799

　　- 費用比率：0.3%

　　- 是否具有足夠的多元化：否

3. GRANITESHARES BLOOMBERG COMMODITY BROAD STRATEGY NO K-1 ETF（COMB）

- 預期回報：8.27%

- 預期風險：16.93%

- 預期夏普比率：0.1799

- 費用比率：0.25%

- 是否具有足夠的多元化：否

4. SHARES BLOOMBERG ROLL SELECT COMMODITY STRATEGY ETF（CMDY）

- 預期回報：8.13%

- 預期風險：16.21%

- 預期夏普比率：0.1792

- 費用比率：0.28%

- 是否具有足夠的多元化：否

5. ABRDN BLOOMBERG ALL COMMODITY STRATEGY K-1 FREE ETF（BCI）

- 預期回報：8.21%

- 預期風險：17.37%

- 預期夏普比率：0.1724

- 費用比率：0.26%

- 是否具有足夠的多元化：否

這些 ETF都屬於商品類別,並且多數都不具有足夠的多元化。在投資這些 ETF之前,請確保充分理解了其風險。

房地產 ETF:這些 ETF投資在房地產投資信託(REITS)或其他房地產相關的股票。以下是兩個房地產 ETF的例子:

1. VANGUARD REAL ESTATE ETF(VNQ):這個 ETF追蹤的是 MSCI US REIT(REAL ESTATE INVESTMENT TRUST)指數,一個美國房地產市場的基準指數。該指數旨在衡量在美國股票交易所上市的公開交易的房地產投資信託(REITS)和其他與房地產相關的投資的表現。VNQ是被動 ETF,表示它只是複製基礎指數的表現,而不是主動選擇個別股票。因此,該基金的費用比率為 0.12%,遠低於主動管理 ETF的平均費用比率。該基金由全球最大的資產管理公司之一的 VANGUARD管理。VNQ是希望以低成本、多元化的方式獲得房地產市場投資機會的投資者的熱門選擇。

2. SHARES U.S. REAL ESTATE ETF(IYR):這個 ETF追蹤的是 DOW JONES U.S. REAL ESTATE INDEX,該指數包含了在美國上市的房地產公司和房地產投資信託(REITS)。該基金的費用比率為 0.42%,較 VNQ稍高。然而,IYR提供了一個廣泛的房地產投資組合,包括商業和住宅房地產,以及其他相關的房地產服務。(以上資訊截至 2023年 6月 9日)。

貨幣 ETF：這些 ETF追蹤特定貨幣相對於其他貨幣的價值。以下是兩個貨幣 ETF的例子：

1. INVESCO DB US DOLLAR INDEX BULLISH FUND（UUP）：這個ETF追蹤的是DEUTSCHE BANK LONG US DOLLAR INDEX（USDX）FUTURES INDEX，該指數衡量的是美元相對於一籃子六種主要貨幣的價值。該基金的費用比率為 0.75%，並且是一種商品池結構的 ETF。該基金由 INVESCO管理，是一種常用的工具，用於對美元價值的變化進行投資或避險。

2. INVESCO CURRENCYSHARES EURO CURRENCY TRUST（FXE）：這個 ETF的目標是追蹤歐元的價值。該基金的費用比率為 0.4%，並且是一種授權人信託結構的 ETF。該基金由 INVESCO管理，並且是一種常用的工具，用於對歐元價值的變化進行投資或避險（以上資訊截至 2023年 6月 9日）。

第三部分
投資 ETF 的策略

第六章
評估 ETF

6.1 評估 ETF的基本因素

在選擇 ETF時，有幾個基本因素需要考慮：

基礎指數：ETF追蹤的基礎指數是其最重要的特性之一。例如，Vanguard Total Stock Market ETF（VTI）追蹤的是 CRSP US Total Market Index，這是一個包含了幾乎所有在美國上市的公開交易公司的指數，涵蓋了市場的大型、中型和小型公司。又例如 Invesco QQQ Trust（QQQ）追蹤的是 NASDAQ-100 Index，這是一個包含在 NASDAQ股票交易所上市的 100家最大的非金融公司的指數。選擇 ETF時，投資者需要理解其追蹤的指數，包括該指數的構成、計算方法和投資風格。

資產類別：ETF可以投資於各種不同的資產類別，包括股票、債券、商品、貨幣和房地產等。例如，SPDR Gold Trust（GLD）是一種商品 ETF，它追蹤的是黃金的價格。其他如 Vanguard Total Bond Market ETF（BND）是一種債券 ETF，它追蹤的是 Bloomberg Barclays U.S. Aggregate Bond Index，這是一個包含了各種美國投資級債券的指數。另一方面，iShares MSCI Emerging Markets ETF（EEM）是一種專注於新興市場的 ETF，它追蹤的是 MSCI

Emerging Markets Index，這是一個包含了新興市場的大型和中型公司的指數。選擇 ETF時，投資者需要考慮他們希望投資的資產類別，以及該資產類別的風險和回報特性。

費用比率：ETF的費用比率是其年度運營費用與其總資產的比率。費用比率越低，投資者的回報就越多。例如，VTI的費用比率為 0.03%，而 GLD的費用比率為 0.4%。又例如，QQQ的費用比率為 0.20%，而 SPY的費用比率為 0.09%。選擇 ETF時，投資者需要考慮其費用比率，並尋找費用比率較低的 ETF。

發行商：ETF的發行商可能會影響其運營和服務的品質。例如，VTI和BND都是由 Vanguard發行的，而 GLD則是由 State Street發行的。選擇 ETF時，投資者需要考慮其發行商的聲譽和服務品質。

投資風格：ETF可能會專注於特定的投資風格，如價值投資、成長投資或小型公司投資。例如，QQQ主要投資於科技和成長型的公司，而 EEM則專注於新興市場的公司。選擇 ETF時，投資者需要考慮其投資風格，並選擇符合其投資風格的 ETF。例如，iShares Russell 1000 Value ETF（IWD）主要投資於被視為價值型的大型公司，而 iShares Russell 1000 Growth ETF（IWF）則主要投資於被視為成長型的大型公司。另一方面，iShares Russell 2000 ETF（IWM）則專注於小型公司。

地區：ETF可能會專注於特定的地區，如美國、歐洲、亞洲或新興市場。例如，QQQ、SPY、IWD和 IWF都主要投資於美國的公司，而 EEM則專注於新興市場的公司。選擇 ETF時，投資者需要考慮他們希望投資的地區，以及該地區的經濟狀況和市場前景。

分散化：ETF通常會投資於多種不同的證券，以達到分散化的效果。例如，QQQ投資於 100家公司，SPY投資於 500家公司，而 EEM則投資於多種新興市場的公司。選擇ETF時，投資者需要考慮其投資組合的分散化程度，並尋找能夠提供良好分散化的 ETF。

以上是選擇 ETF時需要考慮的一些基本因素。在選擇 ETF之前，投資者應該進行充分的研究，並確保他們理解ETF的各種特性和風險。

6.2 ETF的費用結構

在選擇 ETF時，費用結構是一個重要的考慮因素。ETF的費用主要包括管理費用（也稱為費用比率）和交易費用。交易所交易基金（ETF）的費用結構主要由以下幾部分組成：

管理費：這是基金公司為管理 ETF所收取的費用，通常以年費率的形式表示。這部分費用用於支付基金經理的薪酬、行政費用、法律和審計費用等。

例如，Vanguard S&P 500 ETF （VOO）的管理費率為 0.03%。VOO是追蹤S&P 500指數的ETF，由Vanguard發行。它的費用比率非常低，只有0.03%。這意味著，如果你投資了 10,000美元，你每年只需要支付 3美元的管理費用。這使得VOO成為一種成本效益高的選擇，特別是對於那些尋求低成本、被動管理的投資策略的投資者。

又例如 SPDR Gold Trust（GLD），它是追蹤黃金價格的 ETF，由 State

Street Global Advisors發行，費用比率為 0.4%。雖然這比 VOO的費用比率高，但相比於其他商品 ETF，GLD的費用比率仍然相對較低。

再以 ARK Innovation ETF（ARKK）為例，它是由 ARK Investment Management積極管理的 ETF，專注於投資於創新技術領域的公司。它的費用比率為 0.75%。這比 VOO和 GLD的費用比率都要高，但這也反映了 ARKK的積極管理策略和其專注於高風險、高回報潛力的創新公司。

除了管理費用外，投資者還需要考慮交易費用。這包括買賣 ETF時可能需要支付的經紀商佣金，以及 ETF的買賣價格之間的差距（也稱為價差）。價差通常會受到 ETF的流動性影響，流動性越高，價差通常越小。

交易費：當你買賣 ETF時，你可能需要支付給經紀商的交易費。這些費用取決於你的經紀商和你的交易量。有些經紀商可能會提供免費交易的ETF。

差價：這是指 ETF的買賣價格之間的差距，也稱為買賣差價。這是由市場供求條件決定的，通常在流動性較高的 ETF中較低。

追蹤誤差：這是指 ETF的實際表現與其追蹤的指數之間的差距。這可能是由於各種因素，如管理費、交易成本和稅收等。

其他費用：這可能包括稅收、分散化費用等。這些費用通常在 ETF的官方文件中有所說明。

在選擇 ETF時，投資者需要考慮其費用結構，並尋找費用比率低和交易費用低的 ETF。然而，費用只是選擇 ETF的一個因素，投資者還需要考慮其他因素，如 ETF的投資策略、風險和回報潛力。

6.3 ETF的流動性與追蹤誤差

在選擇 ETF時，流動性和追蹤誤差是兩個重要的考慮因素。ETF的流動性是指投資者能夠快速且不影響價格地買賣 ETF的能力。ETF的流動性由兩個主要因素決定：底層資產的流動性和 ETF的交易量。

底層資產的流動性：ETF是由許多不同的底層資產組成的，這些資產可能包括股票、債券、商品等。如果這些底層資產的市場流動性高，那麼 ETF的流動性也會相對較高。例如，由大型藍籌股組成的 ETF通常會有較高的流動性，因為這些股票的交易量大，容易買賣。

ETF的交易量：交易量大的 ETF通常有較高的流動性，因為有更多的買家和賣家參與交易。然而，即使一個 ETF的交易量不大，只要其底層資產的流動性好，該 ETF的流動性也可能相對較高。這是因為 ETF有一種特殊的創建和贖回機制，允許所謂的「授權參與者」（通常是大型金融機構）直接與 ETF發行商交易，創建或贖回 ETF的股份。這種機制可以提供額外的流動性，並幫助確保 ETF的市場價格接近其淨資產價值（NAV）。

需要注意的是，高流動性的 ETF在買賣時的差價（即賣價和買價之間的差距）通常較小，這對投資者來說是有利的。投資者可以通過查看 ETF的平均每日交易量和底層證券的流動性來評估 ETF的流動性。此外，投資者也可以查看 ETF的買賣差價，這是買價和賣價之間的差距，通常被視為流動性的一種指標。買賣差價較小的 ETF通常具有較好的流動性。然而，流動性並不是選擇 ETF的唯一因素，投資者還需要考慮其他因素，如 ETF的投資策略、費用、以及自己的投資目標和風險承受能力。

導致追蹤誤差的因素

　　追蹤誤差是衡量 ETF或指數基金表現與其追蹤的基準指數表現之間差異的指標。

　　理想情況下，一個 ETF的表現應該與其追蹤的指數非常接近，但在實際情況中，由於各種原因，這兩者之間可能會有一些差距。以下是一些可能導致追蹤誤差的因素：

　　費用：所有的 ETF都會收取一定的管理費用，這些費用會直接從基金的資產中扣除，因此會降低基金的總回報，使其低於基準指數的回報。

　　再投資收益：當 ETF持有的證券發放股息或利息時，這些收益需要被再投資。然而，基金經理可能無法立即或以相同的價格再投資這些收益，這可能會導致基金的表現與指數有所差距。

　　樣本追蹤：有些指數包含了大量的證券，基金經理可能無法或選擇不持有所有這些證券，而是選擇一個代表性的樣本來追蹤指數。這種樣本追蹤策略可能會導致基金的表現與指數有所差距。

　　現金流動性管理：基金經理需要管理進出基金的現金流，這可能會導致基金持有一部分現金，而這部分現金的回報可能會低於基準指數的回報。

追蹤誤差案例

　　投資者可以通過查看基金的追蹤誤差來評估基金經理的管理能力。一個低追蹤誤差的 ETF表示基金經理能成功複製基準指數的表現，而一個高追蹤誤差的 ETF則可能表示基金經理在管理基金方面遇到了一些問題。

案例 1：SPDR S&P 500 ETF（SPY）SPY是一種被動式交易所交易基金，旨在追蹤 S&P 500指數的表現。它由 STATE STREET GLOBAL ADVISORS開發，並於 1993年首次上市。

追蹤誤差是指基金的實際表現與其追蹤的指數之間的差異。例如，如果 S&P 500指數在一年內上漲了 10%，但 SPY只上漲了 9.5%，那麼我們就可以說 SPY的追蹤誤差是 0.5%。

追蹤誤差可能由多種因素引起，包括基金的費用、再投資收益的處理方式、基金經理選擇的追蹤策略（例如是否持有指數中的所有股票或只持有一部分），以及基金的現金流動性管理等。

在 SPY的情況下，其費用比率非常低（僅 0.09%），這有助於降低追蹤誤差。然而，即使如此，由於上述的其他因素，SPY的實際表現仍可能與 S&P 500指數有所差距。

值得注意的是，追蹤誤差並不一定是壞事。

有時，基金經理可能能夠通過他們的策略和決策，使基金的表現超過其追蹤的指數。然而，這種情況並不常見，並且可能會增加基金的風險。

因此，投資者在選擇 ETF時，應該考慮其追蹤誤差，並將其視為評估基金經理表現的一種重要指標。

案例 2：INVESCO QQQ TRUST（QQQ）是一種被動式交易所交易基金，旨在追蹤 NASDAQ-100指數的表現。該指數包含了在

NASDAQ交易所上市的 100家最大的非金融公司。

追蹤誤差是指基金的實際表現與其追蹤的指數之間的差異。例如，如果 NASDAQ-100指數在一年內上漲了 20%，但 QQQ只上漲了 19.5%，那麼我們就可以說 QQQ的追蹤誤差是 0.5%。

追蹤誤差可能由多種因素引起，包括基金的費用、再投資收益的處理方式、基金經理選擇的追蹤策略（例如是否持有指數中的所有股票或只持有一部分），以及基金的現金流動性管理等。

在 QQQ的情況下，其費用比率為 0.20%，這雖然比一些其他被動式 ETF的費用比率略高，但相對於主動管理的基金來說仍然很低。

然而，即使如此，由於上述的其他因素，QQQ的實際表現仍可能與 NASDAQ-100指數有所差距。

案例 3：VANGUARD S&P 500 ETF（VOO）是一種被動式交易所交易基金，旨在追蹤 S&P 500指數的表現。

該指數是美國股市的一個重要基準，代表了美國最大的 500家上市公司。

如果 S&P 500指數在一年內上漲了 15%，但 VOO只上漲了 14.5%，那麼我們就可以說 VOO的追蹤誤差是 0.5%。

在 VOO的情況下，其費用比率非常低（僅 0.03%），這有助於降低追蹤誤差。

案例 4：ARK Innovation ETF（ARKK）是一種由 ARK Investment Management積極管理的 ETF，專注於投資於創新技術領域的公司。由於 ARKK是一種積極管理的 ETF，其流動性可能會低於像 SPY和 QQQ這樣的被動管理的 ETF。此外，由於 ARKK的投資策略可能會與其基準指數有所不同，其追蹤誤差可能會較高。然而，這也可能使 ARKK有機會獲得超過其基準指數的回報。

案例 5：iShares MSCI Emerging Markets ETF（EEM）：EEM是一種追蹤 MSCI Emerging Markets Index的 ETF，由 iShares發行。由於新興市場的流動性可能會低於已發展市場，故此 EEM的流動性可能會受到影響。此外，由於新興市場的市場條件可能會變化較大，EEM的追蹤誤差可能會較高。

案例 6：SPDR S&P Oil & Gas Exploration & Production ETF（XOP）：一種追蹤 S&P Oil & Gas Exploration & Production Select Industry Index的 ETF，由 State Street Global Advisors發行。由於石油和天然氣探勘和生產行業的股票可能會受到油價和天然氣價格的影響，而 XOP的流動性和追蹤誤差很受這些因素的影響。

案例 7：Vanguard Real Estate ETF（VNQ）：一種追蹤 MSCI US REIT Index的 ETF，由 Vanguard發行。由於房地產投資信託（REIT）

的流動性可能會受到房地產市場條件的影響，VNQ的流動性可能會受到影響。此外，由於 REIT的價格可能會受到房地產市場條件的影響，VNQ的追蹤誤差可能會較高。

案例 8：iShares Core S&P 500 ETF（IVV）：一種追蹤 S&P 500 指數的 ETF，由 iShares發行。由於 S&P 500指數是一個廣泛追蹤的指數，IVV的流動性非常高，這使得投資者可以在任何交易時間內輕鬆地買賣 IVV。

此外，IVV的追蹤誤差也非常低，這意味著 IVV的表現非常接近其追蹤的指數。

案例 9：Vanguard FTSE Emerging Markets ETF（VWO）是一種追蹤 FTSE Emerging Index的 ETF，由 Vanguard發行。由於新興市場的流動性可能會低於已發展市場，VWO的流動性可能會受到影響。此外，由於新興市場的市場條件可能會變化較大，VWO的追蹤誤差可能會較高。

在選擇 ETF時，投資者需要考慮其流動性和追蹤誤差。流動性高的 ETF可以讓投資者在任何時間內輕鬆地買賣，而追蹤誤差低的 ETF則可以確保其表現接近其追蹤的指數。

當然，投資者也需要考慮其他因素，如 ETF的投資策略、風險和回報潛力。

工具和資源推介

在選擇 ETF時，投資者需要考慮其流動性和追蹤誤差。流動性高的
ETF可以讓投資者在任何時間內輕鬆地買賣，而追蹤誤差低的 ETF則可以確
保其表現接近其追蹤的指數。當然，投資者也需要考慮其他因素，如 ETF
的投資策略、風險和回報潛力。在評價和選擇 ETF時，有許多工具和資源
可以幫助投資者：

1. ETF Database Stock Exposure Tool：這個工具允許投資者快
速識別所有在特定股票上有顯著持有量的美國上市的股票 ETF。
只需在搜索框中輸入股票的代碼或名稱（例如，GOOG），該工
具就會將你引導到在該股票上有顯著持有量的 ETF。該工具的限
制是只能識別股票（包括國際股票），不能用來識別具有特定債
券、商品或其他資產類別的 ETF。

2. Morningstar：一家提供投資研究和投資管理服務的公司，其
網站提供了大量的 ETF分析和評論。投資者可以在 Morningstar的網
站上找到 ETF的評級、基本資料、表現數據、費用資訊等。此外，
Morningstar還提供了一些工具，如 ETF比較工具，可以幫助投資者
比較不同 ETF的特性和表現。

3. ETF.com：ETF.com是一個專門提供 ETF相關資訊的網站，提
供了 ETF的新聞、分析、數據和工具。投資者可以在 ETF.com上找
到 ETF的基本資料、表現數據、費用資訊等，並可以使用其 ETF
分析器來評估和比較不同的 ETF。

在使用這些工具和資源時，投資者需要注意，雖然這些工具和資源可以提供有用的資訊，但投資者還需要進行自己的研究，並根據自己的投資目標和風險承受能力來選擇 ETF。本書附錄部份載有更多的投資工具和資源供參考。

第七章
ETF 投資策略

7.1 長期投資策略

在長期投資策略中，ETF是一種理想的工具，因為它們提供了廣泛的多元化，並且通常具有相對較低的費用。長期投資策略通常涉及到在長期（通常是數年或數十年）內持有投資，並且不頻繁地買賣。

長期投資例子

以上的策略並不適合所有投資者，並且每種策略都有其風險。在選擇投資策略時，投資者需要考慮他們的投資目標、風險承受能力和投資期限。以下一些例子，都是長期投資策略可以考慮的 ETF，因為它們提供了廣泛的多元化，並且費用相對較低。：

1. SPDR S&P 500 ETF（SPY）：SPY是一種追蹤 S&P 500指數的 ETF，由 State Street Global Advisors發行。S&P 500指數包含了美國最大的 500家公司，涵蓋了美國股市的大部分市值。對於長期投資者來說，SPY提供了一種簡單且成本效益高的方式，間接投資在美國大型公司。

2. Vanguard Total Stock Market ETF（VTI）：VTI是一種追蹤

CRSP US Total Market Index的 ETF，由 Vanguard發行。這個指數包含了美國股市的幾乎所有公開交易的股票，涵蓋了大型、中型和小型公司。對於長期投資者來說，VTI提供了一種簡單且成本效益高的方式，間接投資在全美股市。

3. Vanguard Total Bond Market ETF（BND）：BND是一種追蹤 Bloomberg Barclays U.S. Aggregate Bond Index的 ETF，由 Vanguard發行。這個指數包含了美國的各種投資級別的債券，包括政府債券、企業債券和抵押貸款支持證券。對於長期投資者來說，BND提供了一種簡單且成本效益高的方式，可以間接投資在廣泛的美國債券市場。

長期投資策略

長期投資策略主要是基於投資者的投資目標、風險承受能力和投資期限來制定的。以下是一些使用 ETF進行長期投資的策略：

資產配置：這是一種基於投資者的風險承受能力和投資期限來分配投資組合資產的策略。例如，一個年輕的投資者可能會選擇一個以股票為主的投資組合，如 SPY或 VTI，因為他們有更長的時間來承受股市的波動。另一方面，一個接近退休的投資者可能會選擇更保守的投資組合，如 BND，因為他們可能需要更穩定的收入來源。

定期投資：這是一種在固定的時間間隔（如每月或每季度）購買固定金額的 ETF的策略。這種策略可以幫助投資者平均成本，並降低市場波動的影響。

再平衡：這是一種定期調整投資組合以維持原始的資產配置的策略。例如，如果一個投資者的投資組合原本是 50%的股票和 50%的債券，但由於股市的上漲，股票的比例增加到 60%，那麼投資者可能需要賣出一些股票 ETF，並購買一些債券 ETF，以恢復原來的 50/50的配置。

　　分散投資：這是一種在多種不同的 ETF中分散投資的策略，以降低特定資產類別的風險。例如，一個投資者可能會選擇投資在追蹤不同地區或不同行業的 ETF，以降低特定地區或行業的風險。

　　長期主題投資：投資者可選擇投資於他們認為在長期內會表現良好的主題或趨勢。例如，他們可能會投資於追蹤科技股、綠色能源股或新興市場股票的 ETF。

　　選擇成本效益高的 ETF：在選擇 ETF時，投資者應該考慮其總費用比率（TER）。TER是一種衡量 ETF管理費用的指標，包括管理費、行政費用、營銷費用等。一般來說，TER越低，投資者能夠保留的回報就越高。

　　考慮稅務問題：在某些國家，ETF的稅務處理可能與單只股票或債券不同。投資者應該了解自己所在國家的稅法，並考慮如何最有效地管理稅務。

　　考慮 ETF的流動性：雖然大多數 ETF都具有良好的流動性，但一些小型或專門化的 ETF可能交易量較低，這可能會影響投資者買賣 ETF的能力。投資者應該考慮 ETF的平均日交易量和買賣價差。

　　考慮 ETF的追蹤誤差：追蹤誤差是 ETF實際回報與其追蹤的指數回報之間的差異。一個良好的 ETF應該有一個低的追蹤誤差。投資者可以查看 ETF的追蹤誤差歷史，以評估其追蹤效果。

　　使用科技工具：現在有許多科技工具可以幫助投資者管理他們的 ETF

投資。例如，許多投資平台提供了自動再平衡和稅務優化等功能。此外，一些專門的 ETF研究網站和應用程序可以提供詳細的 ETF數據和分析。

　　這些策略和考慮因素可以幫助投資者更有效地使用 ETF進行長期投資。每個投資者的情況都是獨特的，因此在制定投資策略時，應該考慮個人的投資目標、風險承受能力和稅務狀況。

7.2 短期交易工具

　　短期交易策略通常涉及到更高的風險，因為它們往往依賴於市場的短期波動。對於那些願意接受這種風險並且有足夠的時間和知識來密切關注市場的投資者來說，ETF可以提供一種有效的工具來實施這些策略。以下是一些例子：

　　1. 使用槓桿 ETF進行短期交易：槓桿 ETF是一種特殊類型的 ETF，它使用金融衍生品（如期貨和選擇權）來放大其追蹤的指數的回報。例如 Direxion Daily S&P 500 Bull 3X Shares（SPXL）是一種 3倍槓桿的 ETF，每天提供 S&P 500指數回報的三倍。可是，槓桿 ETF的價格波動性非常高，它的虧損也是 S&P 500指數跌幅的三倍，因此只適合短期交易，而不適合長期投資。

　　2. 使用波動性 ETF進行短期交易：波動性 ETF是一種追蹤市場波動性指數（如 VIX）的 ETF。例如 iPath Series B S&P 500 VIX Short-Term Futures ETN（VXX）是一種追蹤 S&P 500 VIX Short-Term Futures Index的 ETF。由於市場波動性通常在市場下跌時增加，因此波動性 ETF可以用作對沖其他資產下跌的工具。也由於波動性

ETF的價格波動性非常高,因此它們通常只適合短期交易。

　　3. 使用商品 ETF進行短期交易:商品 ETF是追蹤特定商品價格的 ETF。例如,SPDR Gold Trust(GLD)是追蹤黃金價格的 ETF。由於商品價格受到許多因素(如供需平衡、通脹、匯率等)的影響,因此它們的價格波動性較高。對於那些能夠理解和預測這些因素的投資者來說,商品 ETF可以提供一種有效的短期交易工具。

短期投資策略

　　在使用這些短期交易策略時,投資者需要注意,這些策略的風險通常較高,並且可能需要更高的交易技巧和知識。因此,這些策略通常只適合那些有足夠的時間和知識來密切關注市場的投資者。

　　以下是一些具體的短期交易策略:

　　技術分析:許多短期交易者依賴技術分析來預測市場的短期走勢。技術分析是一種分析市場價格和交易量數據的方法,以識別可能的買賣信號。例如,交易者可能會使用移動平均線、相對強弱指數(RSI)或布林帶等技術指標來評估 ETF的價格走勢。

　　套利交易:套利交易是一種利用市場的價格差異來獲利的策略。例如,如果一個 ETF在兩個不同的交易所上有不同的價格,那麼交易者可以在價格較低的交易所買入 ETF,然後在價格較高的交易所賣出,從而獲得無風險的利潤。

　　新聞驅動的交易:許多短期交易者會密切關注市場新聞,並根據新聞事件來進行交易。例如,如果一個重要的經濟數據報告即將公布,那麼交易者可能會預期市場的反應,並根據這種預期來進行交易。

止損和取利點:在進行短期交易時,設定止損和取利點是非常重要的。止損點是一個預定的價格,如果 ETF的價格跌到這個價格,交易者將會賣出ETF,以控制損失。取利點是一個預定的價格,如果ETF的價格漲到這個價格,那麼交易者將會賣出 ETF,以鎖定利潤。設定停損和取利點可以幫助交易者管理風險,並避免由於市場的短期波動而做出衝動的決定。

保持靈活:雖然有一個交易計劃是重要的,但是交易者也需要保持靈活,並能夠根據市場的變化來調整他們的策略。例如,如果市場的基本面或技術面發生了變化,那麼交易者可能需要調整他們的停損和取利點,或者改變他們的交易方向。

管理情緒:短期交易往往會帶來強烈的情緒反應,如貪婪、恐懼和悔恨。成功的短期交易者需要學會管理這些情緒,並且需要保持冷靜和理性。這可能需要一些實踐和自我反思,但是這是短期交易成功的關鍵因素。

持續學習和改進:短期交易是一種需要持續學習和改進的活動。交易者需要定期回顧他們的交易,學習他們的成功和失敗的經驗,並且需要持續學習新的交易策略和技巧。此外,交易者也需要保持對市場和經濟的關注,以便他們能夠理解影響市場的因素。

利用市場的短期波動:短期交易者通常會利用市場的短期波動來獲取利潤。例如,在市場下跌時購買 ETF,並在市場反彈時賣出。或者,他們可能會在市場上漲時賣空 ETF,並在市場回落時買入。這種策略需要對市場的動態有深入的理解,並且需要能夠快速地做出決策。

利用 ETF的特性：不同的 ETF有不同的特性，這些特性可以被短期交易者利用。例如，一些 ETF可能會在特定的時間段內表現得特別好，而其他的 ETF可能會在市場的某些條件下表現得特別好。短期交易者可以研究這些特性，並利用它們來制定他們的交易策略。

利用技術分析工具：許多短期交易者會使用技術分析工具來幫助他們做出交易決策。這些工具可以包括價格圖表、技術指標、交易信號等。這些工具可以幫助交易者識別市場的趨勢和模式，並可以幫助他們預測市場的未來走勢。

短期交易策略需要投資者有深入的市場知識、良好的交易技巧，以及強大的情緒控制能力。雖然這種策略可能會帶來高的回報，但它也帶來了更高風險，投資者在進行短期交易時應該加倍謹慎行事。

7.3 避險與多元化策略

避險與多元化策略是投資者用來管理風險和提高投資組合穩定性的重要工具。ETF由於其獨特的結構和廣泛的種類，使得它們成為實施這些策略的理想工具。以下是一些具體的策略和例子：

1. 利用債券 ETF避險：債券 ETF，如 iShares 20+ Year Treasury Bond ETF（TLT），通常在股市下跌時表現良好，因為投資者可能會尋求相對安全的資產。因此，投資者可以將一部分資金投資在債券 ETF中，以對冲股市的風險。

2. 利用商品 ETF避險：商品 ETF，如 SPDR Gold Trust（GLD），可以用來對冲通脹風險和貨幣風險。當通脹上升或貨幣價值下降時，黃金等商品通常會保持或增加其價值。投資者可以將一部分資金投資在商品 ETF中，以對冲這些風險。

3. 利用國際 ETF進行多元化：國際 ETF，如 Vanguard FTSE Emerging Markets ETF（VWO），可以提供投資者進入全球市場的機會。這可以幫助投資者分散他們的投資組合，並可能提供更高的回報潛力。然而，國際 ETF也帶來了額外的風險，如政治風險和貨幣風險，因此投資者需要謹慎考慮。

4. 利用多資產 ETF進行多元化：多資產 ETF是一種包含多種資產類別（如股票、債券和商品）的 ETF。這種 ETF可以提供一種簡單的方式來實現投資組合的多元化。投資者需要注意的是，不同的多資產 ETF可能有不同的投資策略和風險等級。

在實施這些策略時，投資者需要考慮他們的投資目標、風險承受能力和投資期限。此外，投資者還需要定期審查和調整他們的投資組合，以確保它仍然符合他們的需要。

5. 利用行業 ETF作多元化：行業 ETF允許投資者投資於特定的經濟部門或行業，如科技、醫療保健或能源。這種策略可以幫助投資者利用特定行業的成長潛力，同時也可以提供一定程度的多元化。投資者需要注意的是，行業 ETF可能會增加特定行業的風險。

6. 利用風險平價策略進行多元化：風險平價是一種投資策略，它的目標是將投資組合的風險均等分配到每一個資產。這種策略可以通過買進風險平價 ETF來實現，這種 ETF會根據每一個資產的風險來調整其權重。這種策略可以幫助投資者更有效地管理風險，並可能提供更穩定的回報。

7. 使用因子 Smart Beta ETF進行多元化：因子 ETF是一種追蹤特定投資因子（如價值、動量、大小、質量或風險）的 ETF。這種策略可以幫助投資者利用特定因子的回報潛力，同時也可以提供一定程度的多元化。以最知名的因子 ETF為例，包含同樣追蹤S&P500指數的 3隻 ETF：

S&P500普通型 ETF（IVV）——原型

S&P500價值型 ETF（VTV）

S&P500成長型 ETF（VUG）

可以發現，近年來成長型 ETF（VUG）的績效較高，而價值型（VTV）績效則落後 IVV。投資者需要注意的是，因子 ETF的普遍缺點是費用比較高，因為交易換股比較頻繁。

8. 使用貨幣避險 ETF避險：對於投資國際資產的投資者，貨幣波動可能會對投資組合的回報產生重大影響。貨幣避險 ETF可以幫助投資者減少這種風險。這些 ETF使用衍生品（如期貨或選擇權）來對沖其資產的貨幣風險。投資者需要注意的是，貨幣避險可能會增加 ETF的費用，並在某些情況下降低其回報。

9. 使用反向 ETF避險：反向 ETF是一種特殊類型的 ETF，它的目標是產生與其追蹤的指數相反的回報。例如，一個反向 ETF追蹤 S&P 500指數，當 S&P 500指數下跌時，這個 ETF的價格將上漲。投資者可以使用反向 ETF來對沖他們的長期投資組合的風險。然而，由於反向 ETF的價格波動性非常高，因此它們通常只適合短期交易，而不適合長期投資。

10. 使用多策略 ETF進行多元化：多策略 ETF是一種結合了多種投資策略的 ETF。一個多策略 ETF可能會結合價值、動量和質量等因子，或者結合股票、債券和商品等資產類別。這種 ETF可以提供一種簡單的方式來實現投資組合的多元化和風險管理。

7.4 使用 ETF配置資產

資產配置是投資策略的一個重要部分，它涉及將投資組合的資金分配到不同類型的資產，如股票、債券和商品，以達到特定的風險和回報目標。ETF由於其獨特的結構和廣泛的種類，使得它們成為實施資產配置策略的理想工具。以下是一些具體的策略和例子：

1. 使用股票 ETF進行資產配置：股票 ETF，如 Vanguard Total Stock Market ETF（VTI），可以提供投資者一種簡單、低成本的方式來獲得廣泛的股票市場曝光。投資者可以根據他們的風險承受能力和回報目標，將一部分資金投資在股票 ETF中。

2. 使用債券 ETF進行資產配置：債券 ETF，如 Vanguard Total Bond Market ETF（BND），可以提供投資者一種簡單、低成本的方式來獲得廣泛的債券市場曝光。投資者可以根據他們的風險承受能力和回報目標，將一部分資金投資在債券 ETF中。

3. 使用國際 ETF進行資產配置：國際 ETF，如 Vanguard Total International Stock ETF（VXUS），可以提供投資者一種簡單、低成

本的方式來獲得全球股票市場的曝光。投資者可以根據他們的風險承受能力和回報目標，將一部分資金投資在國際 ETF中。

4. 使用商品 ETF進行資產配置：商品 ETF，如 SPDR Gold Trust（GLD）或 United States Oil Fund（USO），可以提供投資者一種簡單、低成本的方式來獲得商品市場的曝光。投資者可以根據他們的風險承受能力和回報目標，將一部分資金投資在商品 ETF中。

5. 使用不同風險等級的 ETF進行資產配置：不同的 ETF可能具有不同的風險等級。例如，成長股 ETF可能比價值股 ETF或債券 ETF具有更高的風險，但也可能提供更高的回報潛力。投資者可以根據他們的風險承受能力和回報目標，選擇適合的 ETF。

6. 使用多資產 ETF進行資產配置：多資產 ETF是一種包含多種資產類別（如股票、債券和商品）的 ETF。這種 ETF可以提供一種簡單的方式來實現投資組合的多元化。投資者需要注意的是，不同的多資產 ETF可能有不同的投資策略和風險等級

7. 使用因子 ETF進行資產配置：因子 ETF結合了主動、被動投資的優勢，由基金經理人主動管理基金，根據各種基本指標買入和賣出股票，而被動的部分則是因為它追蹤的是一個指數，不是由投資經理來選擇股票，但會從指數內選擇特定類型（不同因子）的股票來投資。這種策略可以幫助投資者利用特定因子的回報潛力，同時也可以提供一定程度的多元化。結合了主動投資、被動投資的特點，跟隨另類的指數，適合對特定策略因子有看法的人，助其根據某因子快速分散投資。

另一優點是較少依賴市值權重，避免成分股有單一檔大公司過度影響 ETF的價值。

8. 使用多策略 ETF進行多元化：多策略 ETF是一種結合了多種投資策略的 ETF。一個多策略 ETF可能會結合價值、動量和質量等因子，或者結合股票、債券和商品等資產類別。這種 ETF可以提供一種簡單的方式去實現投資組合的多元化和風險管理。

9. 使用風險平價 ETF進行資產配置：風險平價是一種投資策略，它的目標是將投資組合的風險均等分配到每一個資產。這種策略可以通過使用風險平價 ETF來實現，這種 ETF會根據每一個資產的風險來調整其權重。這種策略可以幫助投資者更有效地管理風險，並可能提供更穩定的回報。以 RPAR Risk Parity ETF（RPAR）為例，截至 2023年 6月 15日，其資產配置為股票 37.89%，債券 71.40%。其頭 6位的資產配置分別為美國國債 ULU3、美國 10 年期票據（TYU3） 18.03%、Vanguard Total Stock Market ETF （VTI） 12.91%、SPDR Gold MiniShares （GLDM） 10.72%、Vanguard FTSE Emerging Markets ETF （VWO） 7.40%、Vanguard FTSE Developed Markets ETF （VEA）5.04%，共 72.16%。

風險平價策略的特點是風險均衡，即核心組成如股票、債券、商品等，以各自在組合中的風險動態平均分配權重，而非傳統股債 60/40的配置方式。風險平價組合的概念，使得在不同經濟週期中表現良好的資產都能夠為投資組合風險做出相近的貢獻，以風險平衡的觀念帶來穩健的報酬，同時帶來更好的夏普比率。有別於傳統投資策略強調以績效為主的資產配置方式，可以避免熊市或黑天鵝發生時，市場失靈導致股債雙失所帶來的風險。

10. 使用目標日期 ETF配置資產：目標日期 ETF是一種根據投資者的退休日期或其他長期投資目標來自動調整其資產配置的ETF。這種 ETF通常會隨著目標日期的接近，逐漸將其資產配置從風險較高的資產（如股票）轉向風險較低的資產（如債券）。這種策略可以幫助投資者實現他們的長期投資目標，並在接近目標日期時降低風險。

在實施這些策略時，投資者需要考慮他們的投資目標、風險承受能力和投資期限。此外，投資者還需要定期審查和調整他們的投資組合，以確保它仍然符合他們的需要。資產配置是重要的投資策略，它可以幫助投資者管理風險，提高回報，並達到他們的長期投資目標。

第八章
ETF 投資風險

8.1 市場風險與 ETF

市場風險是指由於整個市場或市場的一部分出現下跌，導致投資組合價值下降的風險。這種風險是無法通過多元化來消除的，因為它影響到所有的資產和投資者。ETF，作為一種追蹤特定指數或資產類別的投資工具，也會受到市場風險的影響。以下是一些具體的例子：

1. SPDR S&P 500 ETF（SPY）：追蹤 S&P 500指數的 ETF，它包含了美國 500家最大的上市公司。當整個股票市場下跌時，SPY的價格也會下跌。例如，在 2008年的金融危機期間，S&P 500指數下跌了約 37%，SPY的價格也出現了相應的下跌。

2. iPath Series B S&P 500 VIX Short-Term Futures ETN（VXX）：追蹤 S&P 500 VIX短期期貨指數的 ETF，它反映了市場對未來 30天S&P 500指數波動性的預期。當市場出現劇烈波動或下跌時，VXX的價格通常會上漲。然而，由於 VIX期貨的價格通常會隨著到期時間的接近而下降，因此 VXX的價格長期來看通常會呈現下跌趨勢。

3. Invesco QQQ Trust （QQQ）：追蹤 NASDAQ-100指數的ETF，它包含了美國最大的100家非金融公司，大部分為科技公司。當科技股市場下跌時，QQQ的價格也會下跌。例如，在 2020年初的 COVID-19疫情爆發時，由於市場的不確定性和恐慌情緒，科技股市場短期內出現了劇烈的波動和下跌，QQQ的價格也受到了影響。

4. SPDR Gold Trust （GLD）：追蹤黃金價格的 ETF，它提供了投資者一種簡單、低成本的方式來獲得黃金市場的曝光。當市場出現劇烈波動或下跌時，投資者通常會將黃金視為避險工具，因此 GLD的價格可能會上漲。然而，當市場恢復穩定時，黃金價格也會回落。

5. iShares MSCI EAFE ETF （EFA）：追蹤 MSCI EAFE指數的ETF，該指數包含了歐洲、澳洲和遠東市場的大型和中型公司。當這些市場出現下跌時，EFA的價格也會下跌。例如，在 2011年的歐洲債務危機期間，由於市場的不確定性和恐慌情緒，EFA的價格出現了下跌。

6. iShares J.P. Morgan USD Emerging Markets Bond ETF （EMB）：追蹤 J.P. Morgan EMBI Global Core指數的 ETF，該指數包含了由新興市場政府和政府相關實體發行的美元計價的債券。當新興市場的經濟狀況惡化或市場風險增加時，EMB的價格可能會下跌。例如，在 2018年的土耳其貨幣危機期間，由於市場對新興市場的風險態度變得保守，EMB的價格出現了下跌。

7. Financial Select Sector SPDR Fund （XLF）：追蹤金融選擇性行業指數的 ETF，該指數包含了美國金融行業的大型和中型公司。當金融市場出現下跌時，XLF的價格也會下跌。例如，在 2008年的金融危機期間，由於金融行業的大規模損失和市場的恐慌情緒，XLF的價格出現了劇烈的下跌。

8. Energy Select Sector SPDR Fund （XLE）：追蹤能源選擇性行業指數的 ETF，該指數包含了美國能源行業的大型和中型公司。當能源市場出現下跌時，XLE的價格也會下跌。例如，在 2014年至 2016年的油價崩盤期間，由於油價的大幅下跌和市場的恐慌情緒，XLE的價格出現了劇烈的下跌。

9. Vanguard Real Estate ETF （VNQ）：追蹤 MSCI US REIT指數的 ETF，該指數包含了美國的房地產投資信託（REITs）和其他與房地產相關的投資。當房地產市場出現下跌時，VNQ的價格也會下跌。例如，在 2008年的金融危機期間，由於房地產市場的大規模下跌和市場的恐慌情緒，VNQ的價格出現了劇烈的下跌。

10. iShares TIPS Bond ETF （TIP）：追蹤 Barclays Capital U.S. Treasury Inflation Protected Securities （TIPS）指數的 ETF，該指數包含了由美國政府發行的與通脹率相關的債券。當市場出現通脹壓力時，TIP的價格可能會上漲。然而，當市場預期的通脹率下降時，TIP的價格可能會下跌。

在面對市場風險時，投資者可以採取一些策略來管理風險，例如保持投資組合的多元化，定期審查和調整投資組合，以及使用適當的風險管理工具和技術。此外，投資者還需要理解他們所投資的 ETF的性質和風險，並根據他們的風險承受能力和投資目標來選擇適合的 ETF。

8.2 利率風險與 ETF

利率風險是指由於市場利率變動導致投資價值變動的風險。對於固定收益投資，如債券和債券 ETF，當市場利率上升時，現有債券的價格將下跌，因為新發行的債券將提供更高的利息收入。以下是一些具體的例子：

1. iShares 20+ Year Treasury Bond ETF （TLT）：追蹤 Barclays Capital U.S. 20+ Year Treasury Bond Index的 ETF，該指數包含了具有20年或更長期限的美國政府債券。由於這些債券的期限較長，因此它們對利率變動的敏感性也較高。當市場利率上升時，TLT的價格可能會下跌。

2. iShares 7-10 Year Treasury Bond ETF （IEF）：追蹤 Barclays Capital U.S. 7-10 Year Treasury Bond Index的 ETF，該指數包含了具有 7到 10年期限的美國政府債券。由於這些債券的期限較短，因此對利率變動的敏感性較低。然而，當市場利率上升時，IEF的價格仍然可能會下跌，但下跌的幅度可能會小於 TLT。

3. iShares 1-3 Year Treasury Bond ETF （SHY）：追蹤 Barclays Capital U.S. 1-3 Year Treasury Bond Index的 ETF，該指數包含了具有

1到 3年期限的美國政府債券。由於這些債券的期限非常短，因此它們對利率變動的敏感性最低。當市場利率上升時，SHY的價格可能會下跌，但下跌的幅度一般會小於 IEF和 TLT。

4. iShares Core U.S. Aggregate Bond ETF （AGG）：追蹤 Barclays Capital U.S. Aggregate Bond Index的 ETF，該指數包含了美國的政府債券、企業債券和抵押貸款支持證券。由於這些債券的利息收入固定，因此當市場利率上升時，AGG的價格可能會下跌。然而，由於 AGG包含了不同類型和期限的債券，因此它的價格可能不會像單一類型或期限的債券 ETF那樣劇烈波動。

5. iShares iBoxx $ High Yield Corporate Bond ETF （HYG）：追蹤 iBoxx $ Liquid High Yield Index的 ETF，該指數包含了美元計價的高收益（或稱為垃圾級）企業債券。由於這些債券的信用評級較低，因此它們的利息收入較高，但也帶來了較高的信用風險。當市場利率上升時，由於新發行的債券將提供更高的利息收入，因此 HYG的價格可能會下跌。

6. iShares iBoxx $ Investment Grade Corporate Bond ETF （LQD）：追蹤 iBoxx $ Liquid Investment Grade Index的 ETF，該指數包含了美元計價的投資級企業債券。由於這些債券的信用評級較高，因此它們的利息收入較低，但也帶來了較低的信用風險。當市場利率上升時，由於新發行的債券將提供更高的利息收入，LQD的價格可能會下跌。由於投資級債券的價格也受到發行公司信用狀況的影響，故此市場利率並不是影響LQD價格的唯一因素。

7. ProShares UltraShort 20+ Year Treasury （TBT）：追蹤 U.S. Treasury 20+ Year Index的 ETF，但它是一種反向 ETF，並且具有 2 倍的槓桿效應。當 20年以上期限的美國政府債券價格下跌（即利率上升）時，TBT的價格將上漲。然而，當這些債券的價格上升（即利率下降）時，TBT的價格將下跌。由於 TBT具有槓桿效應，因此它的價格波動可能會大於基礎指數的波動。

8. Direxion Daily 20-Year Treasury Bear 3X Shares （TMV）：追蹤 NYSE 20 Year Plus Treasury Bond Index的 ETF，但它是一種反向 ETF，並且具有 3倍槓桿效應。當 20年以上期限的美國政府債券價格下跌（即利率上升）時，TMV的價格將上漲。然而，當這些債券的價格上升（即利率下降）時，TMV的價格將下跌。由於 TMV具有槓桿效應，因此它的價格波動可能會大於基礎指數的波動。

9. iShares 3-7 Year Treasury Bond ETF （IEI）：追蹤 Barclays Capital U.S. 3-7 Year Treasury Bond Index的 ETF，該指數包含了具有 3到 7年期限的美國政府債券。由於這些債券的期限較短，因此它們對利率變動的敏感性較低。然而，當市場利率上升時，IEI的價格仍然可能會下跌，但下跌的幅度可能會小於 TMV。

在面對利率風險時，投資者可以採取一些策略來管理風險，例如選擇具有不同期限的債券ETF來創建一個債券組合，這樣可以平衡收益和風險。此外，投資者還需要理解他們所投資的 ETF的性質和風險，並根據他們的風險承受能力和投資目標來選擇適合的 ETF。

8.3 貨幣風險與 ETF

貨幣風險是指由於貨幣匯率變動導致投資價值變動的風險。對於投資於非本國貨幣計價的 ETF，當該貨幣對本國貨幣貶值時，投資的價值將下跌。以下是一些具體的例子：

1. Invesco CurrencyShares Euro Currency Trust （FXE）：追蹤歐元對美元匯率的 ETF。當歐元對美元升值時，FXE的價格將上升。然而，當歐元對美元貶值時，FXE的價格將下跌。因此，投資於 FXE的美國投資者將面臨貨幣風險。

2. Invesco CurrencyShares Japanese Yen Trust （FXY）：追蹤日元對美元匯率的 ETF。當日元對美元升值時，FXY的價格將上升。然而，當日元對美元貶值時，FXY的價格將下跌，投資於 FXY的美國投資者將面臨貨幣風險。

3. Invesco DB US Dollar Index Bullish Fund （UUP）：追蹤美元指數的 ETF。美元指數是一種衡量美元對一籃子主要貨幣（包括歐元、日元、英鎊、加拿大元、瑞典克朗和瑞士法郎）匯率的指數。當美元對這些貨幣升值時，UUP的價格將上升。然而，當美元對這些貨幣貶值時，UUP的價格將下跌。

4. Invesco CurrencyShares Australian Dollar Trust （FXA）：追蹤澳元對美元匯率的 ETF。當澳元對美元升值時，FXA的價格將上

升。然而，當澳元對美元貶值時，FXA的價格將下跌。因此，投資於FXA的美國投資者將面臨貨幣風險。

5. Invesco CurrencyShares Canadian Dollar Trust （FXC）：追蹤加元對美元匯率的 ETF。當加元對美元升值時，FXC的價格將上升。當加元對美元貶值時，FXC的價格將下跌，投資於 FXC的美國投資者將面臨貨幣風險。

6. Invesco CurrencyShares British Pound Sterling Trust （FXB）：追蹤英鎊對美元匯率的 ETF。當英鎊對美元升值時，FXB的價格將上升。然而，當英鎊對美元貶值時，FXB的價格將下跌。因此，投資於 FXB的美國投資者將面臨貨幣風險。

7. Invesco CurrencyShares Swiss Franc Trust （FXF）：這是一種追蹤瑞士法郎對美元匯率的 ETF。當瑞士法郎對美元升值時，FXF的價格將上升。然而，當瑞士法郎對美元貶值時，FXF的價格將下跌，投資於 FXF的美國投資者將面臨貨幣風險。

8. WisdomTree Chinese Yuan Strategy Fund （CYB）：這是一種追蹤人民幣對美元匯率的 ETF。當人民幣對美元升值時，CYB的價格將上升。然而，當人民幣對美元貶值時，CYB的價格將下跌，投資於 CYB的美國投資者將面臨貨幣風險。

在面對貨幣風險時，投資者可以採取一些策略來管理風險，例如選擇投資於本國貨幣計價的 ETF，或者使用貨幣避險 ETF來降低貨幣風險。此外，投資者還需要理解他們所投資的 ETF的性質和風險，並根據他們的風險承受能力和投資目標來選擇適合的 ETF。

在一些新興市場貨幣中，ETF的選擇可能較少，或者可能不存在追蹤特定貨幣匯率的 ETF。例如，我們嘗試查找追蹤俄羅斯盧布、巴西雷亞爾和印度盧比匯率的 ETF，但未能找到相關的 ETF。這可能是由於這些貨幣的市場規模較小，或者由於其他因素，如市場監管規定等原因。

投資者仍然可以通過其他方式來管理貨幣風險。例如，他們可以選擇投資於追蹤新興市場股票或債券的 ETF，這些 ETF可能會受到相關貨幣匯率變動的影響。

此外，他們還可以選擇投資於提供貨幣避險的 ETF，這些 ETF會使用衍生品來降低貨幣風險。

8.4 ETF的信用風險與流動性風險

信用風險和流動性風險是 ETF投資中的兩個重要風險因素。信用風險是指基金經理或其他相關方無法履行其財務義務的風險，而流動性風險是指在市場條件變化下，投資者可能難以用合理價格買賣 ETF的風險。

具體來說，信用風險是指借款方可能無法按時償還本金和利息的風險，這種風險也可能會影響到相關投資工具的價值。在 ETF領域，有一些與信用風險相關的 ETF，以下是一些常見的例子：

高收益債券 ETF：這些 ETF主要投資於評級較低（非投資級）的公司債券，這些債券通常具有較高的收益率，但也伴隨著較高的信用風險。這些ETF的價值可能受到發行者信用評級下降、違約或債券市場波動的影響。

新興市場債券 ETF：這些 ETF投資於新興市場國家的主權債券或企業債券，這些國家的信用風險相對較高。由於新興市場的經濟和政治環境較不穩定，這些 ETF的價值可能受到政策變化、財政困境或外匯風險等因素的影響。

高收益信貸 ETF：這些 ETF投資於信貸市場的債券，包括抵押支持證券（MBS）、商業房地產證券（CMBS）和資產支持證券（ABS）等。這些債券的信用風險較高，可能受到經濟衰退、債務違約、利率波動等因素影響。

投資於具有信用風險的 ETF可能具有較高的收益潛力，但同時也有著較高的風險。投資者應評估其風險承受能力並謹慎考慮投資這些 ETF。此外，建議投資者在投資前仔細閱讀ETF的招募文件，了解基金的投資策略、風險和潛在收益。最好與專業的財務顧問討論，以獲取更全面和個性化的投資建議。

信用風險在 ETF投資中通常較低，因為大多數 ETF都是被動管理的，並且其資產通常是由一個獨立的信託公司持有。然而，這並不意味著信用風險可以完全忽視。例如，如果 ETF的基金經理或信託公司遇到財務困難，或者如果 ETF的底層資產包含信用風險較高的債券，那麼投資者可能會面臨信用風險。

具信用風險的 ETF例子

1. ISHARES IBOXX HIGH YIELD CORPORATE BOND ETF

（HYG）：這個 ETF追蹤 IBOXX USD LIQUID HIGH YIELD INDEX，投資於美國高收益債券，該指數包括投資評級較低的公司債券。由於高收益債券的信用風險較高，這個 ETF的價值可能受到發行者信用評級下降或債券違約的影響。

2. ISHARES JP MORGAN USD EMERGING MARKETS BOND ETF（EMB）：這個 ETF追蹤 JP MORGAN EMBI GLOBAL CORE INDEX，投資於新興市場國家的主權債券。新興市場的信用風險相對較高，這個 ETF的價值可能受到政策變化、財政困境或外匯風險的影響。

3. ISHARES IBOXX $ INVESTMENT GRADE CORPORATE BOND ETF （LQD）：這個 ETF追蹤 IBOXX USD LIQUID INVESTMENT GRADE INDEX，投資於美國投資評級的公司債券。雖然這個 ETF投資於投資評級的債券，但仍然存在一定的信用風險，尤其在經濟衰退或行業不景氣時。

4. SPDR BLOOMBERG BARCLAYS HIGH YIELD BOND ETF（JNK）：這個 ETF追蹤 BLOOMBERG BARCLAYS HIGH YIELD VERY LIQUID INDEX，投資於美國高收益債券市場。高收益債券通常具有較高的收益率，但也伴隨著較高的信用風險。

流動性風險

流動性風險是指投資者在買入或賣出某個資產時遇到的困難程度，以及相對於預期價格的交易成本。在 ETF領域，流動性風險通常涉及以下幾個方面：

交易量不足：如果一個 ETF的每日平均交易量較低，可能會導致投資者在需要買入或賣出時難以找到交易對手方。這可能會導致投資者無法以預期的價格進行交易，或者在需要快速出售時無法立即找到買家。

價格擴大：流動性不足可能導致投資者在交易時面臨價格擴大的風險。當交易量不足時，買賣價差可能變得更大，這意味著投資者可能需要以較高的價格買入或以較低的價格賣出，從而增加交易成本。

市場壓力：在市場壓力下，流動性可能會進一步惡化。當市場情緒不穩定，投資者可能會大量賣出 ETF，這可能導致 ETF的交易量增加，同時也可能使得交易成本上升。

交易量：查看 ETF的每日平均交易量以及最近的交易量變化情況。較高的交易量通常表示更好的流動性。

買賣價差：觀察買賣價差，了解在正常市場情況下的差異程度。較小的價差表示較好的流動性。

市場情況：了解目前的市場情況和整體流動性環境。在市場壓力下，流動性可能會惡化，投資者應謹慎考慮。

資產規模：較大的 ETF通常具有更好的流動性，因為它們擁有更多的投資者和交易量。

交易策略：在進行大量交易時，投資者應考慮使用限價單或分批交易等策略，以減少對流動性的影響。

高流動性風險 ETF

流動性風險是指市場供應或需求不足時，以公平的市場價值購買或出售 ETF的潛在困難。當交易量較低時，會導致買賣差價擴大，導致交易成本增加。在極端情況下，ETF的價格可能大大偏離其相關資產淨值（NAV）。

投資者可以通過選擇具有高交易量和管理資產（AUM）的 ETF來管理流動性風險。具有較高資產管理規模的大型 ETF往往比小型 ETF更具流動性。此外，投資者可以使用限價單，以特定的價格買入或賣出 ETF，防止交易因市場波動而以不利的價格執行。流動性風險是投資 ETF時需要考慮的因素之一，投資者應評估其風險承受能力並謹慎選擇合適的 ETF。

由於 ETF是在交易所上市交易的，其價格受到市場供求關係的影響。在市場流動性較低的情況下，投資者可能難以以合理價格買賣 ETF，這可能會導致投資損失。

為了管理信用風險和流動性風險，投資者需要進行仔細的研究，並選擇信譽良好的基金經理，以及流動性充足的 ETF。此外，投資者也需要定期監控他們的投資組合，並根據市場條件和個人情況進行調整。

以下是一些具有較高流動性風險的 ETF的例子：

1. LQD的 iShares 20+ Year Treasury Bond ETF （TLT）：追蹤 Barclays Capital U.S. 20+ Year Treasury Bond Index的 ETF。該指數包含的是期限為 20年或更長的美國政府債券。由於這些債券的發行者是美國政府，因此被認為信用風險非常低。但是這些債券的期限較長，其價格可能會受到利率變動的影響，這可能會導致 ETF

的價格波動，從而產生流動性風險。

2. iPath Series B S&P 500 VIX Short-Term Futures ETN （VXX）：
這是一種追蹤 S&P 500 VIX Short-Term Futures Index Total Return的
ETF。該指數包含的是與 S&P 500指數的波動性相關的期貨合約。
由於這些期貨合約的價格可能會受到市場情緒和波動性的影響，
因此 VXX的價格可能會有大幅度的波動，導致流動性風險。

3. SPDR Gold Trust （GLD）：這是一種追蹤黃金價格的 ETF。
由於黃金是一種實物資產，因此 GLD的價格不會受到信用風險的
影響。然而，由於黃金價格可能會受到市場供求、通脹預期等因
素的影響，因此 GLD的價格會有波動，或導致流動性風險。

4. United States Oil Fund LP （USO）：這是一種追蹤 WTI輕質
原油期貨價格的 ETF。由於 USO的價格是由原油期貨價格決定的，
因此其價格可能會受到原油供求、地緣政治事件等因素的影響，
這可能會導致 USO的價格波動，從而產生流動性風險。

5. United States Natural Gas Fund LP （UNG）：這是一種追蹤
天然氣期貨價格的 ETF。由於 UNG的價格是由天然氣期貨價格決
定的，因此其價格可能會受到天然氣供求、天氣條件等因素的影
響，這可能會導致 UNG的價格波動，從而產生流動性風險。

6. iShares Silver Trust （SLV）：這是一種追蹤銀價格的 ETF。
由於 SLV的價格是由銀價格決定的，因此其價格可能會受到銀的
供求、通脹預期等因素的影響，導致 SLV的價格波動，從而產生
流動性風險。

7. Invesco DB Agriculture Fund （DBA）：這是一種追蹤 DBIQ Diversified Agriculture Index的 ETF。該指數包含的是與農業相關的期貨合約，包括小麥、玉米、大豆等。由於 DBA的價格是由這些期貨合約的價格決定的，因此其價格可能會受到農產品供求、天氣條件等因素的影響，這可能會導致 DBA的價格波動，從而產生流動性風險。

8. Invesco DB Commodity Index Tracking Fund （DBC）：這是一種追蹤 DBIQ Optimum Yield Diversified Commodity Index的 ETF。該指數包含的是與各種商品相關的期貨合約，包括能源、金屬、農產品等。由於 DBC的價格是由這些期貨合約的價格決定的，因此其價格可能會受到商品價格變動的影響，導致 DBC的價格波動，從而產生流動性風險。

9. Aberdeen Standard Physical Precious Metals Basket Shares ETF （GLTR）：追蹤 ETF Physical Precious Metals Basket Index的 ETF。該指數包含的是與貴金屬相關的實物資產，包括黃金、白金、鈀、銀等。由於 GLTR的價格是由這些貴金屬的價格決定的，其價格可能會受到貴金屬價格變動的影響，導致 GLTR的價格波動，從而產生流動性風險。

信用風險和流動性風險是 ETF投資的兩大風險，理解這些風險並採取適當的管理策略可以幫助投資者更好地利用 ETF來達成他們的投資目標。投資者可以透過分散投資來降低信用風險，或者選擇流動性較高的 ETF來降低流動性風險。

第四部分
實戰應用

第九章
ETF 投資策略

9.1 設定投資目標與風險承受能力

在開始建立全球 ETF投資組合之前，首先需要設定清晰的投資目標和理解自己的風險承受能力。以下是這一過程的詳細描述：

投資目標是指你希望通過投資實現的具體目標。這可能包括為退休儲蓄、為子女的教育儲蓄、購買房產、創業或其他長期或短期的財務目標。設定投資目標可以幫助你確定需要投資多少資金，以及需要在多長時間內實現這些目標。

風險承受能力是指你願意接受的投資風險程度。這通常與你的財務狀況、年齡、投資期限、收入穩定性以及你對投資風險的心理承受能力有關。理解你的風險承受能力可以幫助你選擇適合的投資組合，避免承擔過大的風險。

設定投資目標和理解風險承受能力的過程可能需要一些時間和努力，但這是建立成功投資策略的關鍵第一步。這可以幫助你選擇適合你的ETF，並制定出一個符合你的目標和風險承受能力的投資策略。

如果你的投資目標是為了 20年後的退休生活儲蓄，並且你有較高的風險承受能力，那麼你可能會選擇投資於一些具有較高風險但可能帶來較高回報的 ETF，如股票 ETF或新興市場 ETF。相反，如果你的投資目標是為了5年後購買房產，並且你的風險承受能力較低，那麼你可能會選擇投資於一些風險較低但回報穩定的 ETF，如債券 ETF或貨幣市場 ETF。

設定投資目標和理解風險承受能力是建立全球 ETF投資組合的重要第一步。只有明確了這些，你才能選擇適合自己的 ETF，並制定出一個有效的投資策略。

事先考慮

在設定投資目標和風險承受能力的過程中，還需要考慮以下幾個重要因素：

投資期限：你的投資期限是指你打算將資金投資多久。一般來説，投資期限越長，你就能承受更大的風險，因為你有更多的時間來等待市場的回升。如果你的投資期限較短，那麼你可能需要選擇風險較低的投資。

財務狀況：你的財務狀況也會影響你的風險承受能力。如果你有穩定的收入和充足的儲蓄，那麼你可能能承受更大的風險。反之，如果你的財務狀況較差，那麼你可能需要選擇風險較低的投資。

心理因素：你對風險的心理承受能力也是一個重要因素。有些人能夠承受投資價值波動的壓力，而有些人則不能。你需要誠實地評估自己的心理承受能力，並選擇適合自己的投資。

投資知識和經驗：你的投資知識和經驗也會影響你的風險承受能力。

如果你對投資市場和各種投資工具有深入的理解，那麼你可能能夠更好地管理風險。如果你是一個新手投資者，那麼你可能需要從風險較低的投資開始，並逐漸學習和獲得經驗。

稅務考慮：你的稅務狀況也可能影響你的投資決策。不同類型的投資可能有不同的稅務影響，因此你需要了解這些影響，並在你的投資策略中考慮。

退休計劃：如果你正在為退休儲蓄，那麼你需要考慮你的退休計劃如何影響你的投資決策。例如，你可能需要考慮你的退休年齡、你的退休生活需求，以及你的社會保障和退休賬戶的狀況。

設定投資目標和評估風險承受能力是一個持續的過程，需要隨著你的生活狀況和財務狀況的變化而調整。你可能需要定期重新評估你的投資目標和風險承受能力，並根據這些變化調整你的投資策略。

定目標評風險

以下是一些具體的步驟，有效幫助設定投資目標和評估風險承受能力：

確定你的投資目標：你希望通過投資實現什麼？是為了退休、購買房產、支付孩子的大學學費，還是其他目標？你希望在多久的時間內實現這些目標？

評估你的風險承受能力：你能夠承受多大的投資風險？你的財務狀況、年齡、收入穩定性以及你對投資風險的心理承受能力都會影響你的風險承受能力。

根據投資目標和風險承受能力選擇適合的 ETF：根據你的投資目標和風險承受能力，你可能會選擇投資於不同類型的 ETF。例如，如果你的投資目標是長期的，並且你有較高的風險承受能力，那麼你可能會選擇投資於股票 ETF。如果你的投資目標是短期的，並且你的風險承受能力較低，那麼你可能會選擇投資於債券 ETF或貨幣市場 ETF。

定期評估和調整你的投資策略：你的投資目標和風險承受能力可能會隨著時間的推移而變化，因此你需要定期評估和調整你的投資策略。例如，隨著你接近退休年齡，你可能需要將你的投資組合從風險較高的股票 ETF轉向風險較低的債券 ETF。

通過這些步驟，你可以設定清晰的投資目標，理解你的風險承受能力，並選擇適合你的 ETF，從而建立一個成功的全球 ETF投資組合。

9.2 選擇適合的 ETF

選擇適合的 ETF是建立全球 ETF投資組合的重要一步。以下是一些選擇 ETF的主要考慮因素：

投資目標：你的 ETF選擇應該與你的投資目標相符。例如，如果你的目標是長期資本增值，你可能會選擇股票 ETF。如果你的目標是穩定的收入，你可能會選擇債券 ETF或股息 ETF。

風險承受能力：你應該選擇一種風險等級與你的風險承受能力相符的 ETF。例如，如果你的風險承受能力較高，你可能會選擇風險較高的股票 ETF或新興市場 ETF。如果你的風險承受能力較低，你可能會選擇風險較低的債券 ETF或貨幣市場 ETF。

費用：ETF的費用是影響你投資回報的重要因素。你應該選擇費用較低的 ETF，以最大化你的投資回報。你可以通過查看 ETF的費用比率（expense ratio）來評估其費用。

流動性：流動性是指你能夠輕易地買賣 ETF的能力。一般來說，交易量較大的 ETF具有較高的流動性。你可以通過查看 ETF的平均日交易量來評估其流動性。

追蹤誤差：追蹤誤差是指 ETF的實際回報與其追蹤的指數的回報之間的差異。一般來說，追蹤誤差較小的 ETF更能準確地反映其追蹤的指數的表現。你可以通過查看 ETF的追蹤誤差來評估其性能。

投資策略：不同的 ETF有不同的投資策略。例如，有些 ETF追蹤的是市值加權的指數，而有些 ETF追蹤的是平等權重的指數。你應該選擇一種與你的投資策略相符的 ETF。

選擇適合的 ETF需要時間和研究，但這是建立成功投資組合的關鍵一步。你可能需要利用各種工具和資源來進行研究，包括財經新聞網站、投資研究報告、ETF提供商的網站，以及各種投資分析工具。

風險承受能力較低者例子：VTI

假設你的投資目標是長期資本增值，且你的風險承受能力較高。在這種情況下，你可能會考慮投資於股票 ETF。Vanguard Total Stock Market ETF（VTI）可能是一個適合的例子。VTI追蹤的是 CRSP US Total Market Index，這是一個包含了美國股市中幾乎所有公開交易公司的廣泛指數，涵蓋了大盤、中盤和小盤股。VTI的費用比率非常低，只有 0.03%，且其 5年、10年的年化回報分別為 10.17%和 11.75%，顯示出其長期的良好表現。

風險承受能力較低者例子：BND

又如果你的投資目標是穩定的收入，且你的風險承受能力較低，你可能會考慮投資於債券 ETF。在這種情況下，Vanguard Total Bond Market ETF（BND）可能是一個適合的例子。BND追蹤的是 Bloomberg Barclays U.S. Aggregate Bond Index，這是一個包含了美國投資級別債券的廣泛指數，涵蓋了政府債券、公司債券和抵押貸款支持證券。BND的費用比率非常低，只有 0.03%，且其 5年和 10年的年化回報分別為 0.79%和 1.31%。

特定主題／行業

另外，你也可以考慮投資於特定主題或行業的 ETF，以達到特定的投資目標。例如，如果你希望投資於科技行業，你可以選擇投資於科技 ETF，如 Invesco QQQ Trust（QQQ），該 ETF追蹤的是 NASDAQ-100指數，主要包含了美國的大型科技公司。該 ETF追蹤的是 NASDAQ-100指數，主要包含了美國的大型科技公司。QQQ的費用比率為 0.20%，略高於一些其他的被動 ETF，但相對於主動管理的基金來説仍然算是低的。其 5年和 10年的年化回報分別為 16.07%和 18.35%，顯示出其長期的良好表現。此外，QQQ具有高流動性，可以在主要交易所上輕易買賣，使其成為希望獲得科技行業高成長潛力的投資者的熱門選擇。

追蹤誤差／流動性／分散

　　在選擇ETF時，你還應該考慮ETF的追蹤誤差、流動性、分散性等因素。追蹤誤差是指 ETF的表現與其追蹤的指數的表現之間的差異，追蹤誤差較小的 ETF通常更能準確地反映指數的表現。

　　流動性是指你能夠輕易地買賣 ETF的能力，交易量較大的 ETF通常具有較高的流動性。

　　分散性是指 ETF的投資是否分散於多種不同的資產，分散性較高的 ETF可以更好地分散風險。

　　選擇適合的 ETF需要時間和研究，但這是建立成功投資組合的關鍵一步。你可能需要利用各種工具和資源來進行研究，包括財經新聞網站、投資研究報告、ETF提供商的網站，以及各種投資分析工具。在做出投資決策之前，你應該進行充分的研究，並考慮尋求專業的財務建議。

9.3 監控與調整投資組合

　　監控和調整投資組合是投資管理的重要部分。以下是一些關於如何監控和調整你的 ETF投資組合的建議：

　　　1. 定期審查：你應該定期審查你的投資組合，以確保它仍然符合你的投資目標和風險承受能力。這可能包括每季度、每半年或每年進行一次的審查。在審查過程中，你應該評估你的 ETF的表現，並與相關的基準指數進行比較。

2. 再平衡：再平衡是指調整你的投資組合，以恢復到你原始的資產配置。例如，如果你的股票 ETF由於市場上漲而超過了你的目標配置，你可能需要賣出一些股票 ETF，並購買更多的債券 ETF，以恢復到你的目標配置。

3. 考慮市場條件：在調整你的投資組合時，你應該考慮當前的市場條件。例如，如果市場處於牛市，你可能需要增加你的股票 ETF的配置。如果市場處於熊市，你可能需要增加你的債券 ETF或其他防禦性資產的配置。

4. 考慮稅務影響：在調整你的投資組合時，你應該考慮稅務影響。例如，賣出 ETF可能會觸發資本利得稅，而這可能會影響你的投資回報。在做出調整決策之前，你可能需要諮詢稅務顧問。

5. 使用科技工具：有許多科技工具可以幫助你監控和調整你的投資組合。例如，許多投資平台提供了投資組合追蹤工具，可以讓你輕鬆地查看你的投資組合的表現。有些工具還可以自動再平衡你的投資組合，以維持你的目標配置。

6. 利用科技工具：在現代的投資環境中，科技工具在投資組合的監控與調整中扮演了重要的角色。這些工具可以提供實時的投資組合表現數據，讓你可以隨時了解你的投資狀況。此外，一些工具還提供了自動再平衡功能，可以幫助你維持你的目標資產配置。例如，許多投資平台提供了投資組合追蹤工具，可以讓你輕鬆地查看你的投資組合的表現。有些工具還可以自動再平衡你的投資組合，以維持你的目標配置。

7. 留意市場新聞和經濟指標：市場新聞和經濟指標可能會影響 ETF的價格。例如，如果一個國家的經濟數據顯示經濟正在放緩，那麼該國的股票 ETF的價格可能會下跌。因此，你應該定期關注市場新聞和經濟指標，並根據這些信息調整投資組合。

8. 設定止損點和止賺點：止損點和止賺點是兩種常用的投資策略，可以幫助你管理投資風險。止損點是指當 ETF的價格下跌到一定程度時，你將賣出 ETF以避免進一步的損失。止賺點是指當 ETF的價格上漲到一定程度時，你將賣出 ETF以鎖定利潤。設定止損點和止盈點可以幫助你在市場波動時保持冷靜，並避免因為情緒化的決策而產生不必要的損失。

9. 尋求專業建議：如果你不確定如何監控和調整你的投資組合，你可能需要尋求專業的財務建議。許多投資顧問公司提供投資組合管理服務，幫助你制定投資策略，選擇適合的 ETF，並定期監控和調整你的投資組合。雖然這些服務可能需要支付一定的費用，但專業的建議可能會帶來更好的投資回報，並幫助你避免不必要的風險。

監控和調整投資組合是一個持續的過程，需要隨著市場環境和你的個人情況的變化而調整。透過定期審查、再平衡、利用科技工具，以及考慮稅務影響等策略，你可以有效地管理你的 ETF投資組合，並實現你的投資目標。

9.4 使用科技工具管理投資組合

在現代的投資環境中，科技工具在投資組合管理中扮演了重要的角色。以下是一些科技工具的使用方式，可以幫助你更有效地管理你的 ETF投資組合：

1. 投資平台：許多投資平台提供了投資組合追蹤工具，可以讓你輕鬆地查看你的投資組合的表現。這些工具可以提供實時的投資組合表現數據，讓你可以隨時了解你的投資狀況。此外，一些投資平台還提供了自動再平衡功能，可以幫助你維持你的目標資產配置。

2. 投資分析工具：許多投資分析工具可以幫助你分析 ETF的表現，包括追蹤誤差、費用比率、分散性等因素。這些工具可以幫助你更深入地了解ETF的表現，並幫助你做出更好的投資決策。

3. 財經新聞應用：財經新聞應用可以提供實時的市場新聞和經濟數據，讓你可以隨時了解市場的最新動態。這些應用通常還提供了股票和 ETF的價格數據，讓你可以隨時查看你的投資組合的價值。

4. 自動投資服務：自動投資服務，也被稱為 Robo-advisors，一個典型的 Robo-advisor會通過線上問卷調查來了解你的財務狀況和未來目標，然後使用這些數據來提供建議並自動為你進行投資。最好的 Robo-advisors提供了簡單的帳戶設置，強大的目標規劃，帳戶服務，和投資組合管理。此外，他們提供了安全功能，全面的教育，和低費用。然而，Robo-advisors也有其限制，例如他們可能無法處理複雜的問題，如資產規劃，並且他們的服務可能不適合所有人。因此，選擇使用 Robo-advisor時，你應該根據自己的需求和情況來做出決定。

　　5. 稅務計劃工具：有些科技工具可以幫助你規劃你的稅務，以最大化你的投資回報。例如，一些投資平台提供了稅效益的再平衡功能，可以在再平衡你的投資組合時，優先賣出有資本損失的投資，以抵消你的資本利得稅。

科技工具推介

　　科技工具在投資組合管理中扮演了重要的角色，但你應該根據你自己的需求和情況來選擇科技工具在投資組合管理中的重要性不言而喻。以下是一些頂尖的自動投資顧問：

　　1. SoFi Automated Investing：SoFi Automated Investing 提供免費的投資管理服務，並提供專業的財務顧問和職業輔導員的服務，對於初學者和年輕投資者來說是一個不錯的選擇。

　　2. Fidelity Go：Fidelity Go 是一個全數位的 Robo-advisor，對於希望獲得低成本投資管理服務的投資者來說是一個強大的選擇。

　　3. Wealthfront：Wealthfront 提供低成本的多元化投資組合，優秀的規劃工具，以及各種稅收節省策略。該公司還為 DIY 投資者提供個股投資的機會。

4. Betterment：Betterment 提供基於目標的工具，可負擔的管理費用，以及沒有帳戶最低限額。這使得 Betterment 成為了一個強大的選擇。

5. Axos Managed Portfolios：Axos Invest 提供低成本的帳戶管理服務和基於目標的規劃工具。

6. 投資追蹤應用程式：這些應用程式可以幫助投資者追蹤他們的投資組合的表現，並提供實時的市場數據和新聞。例如，Yahoo Finance、Bloomberg 和 Morningstar 都提供了強大的投資追蹤工具。

7. 財務規劃軟體：這些軟體可以幫助投資者規劃他們的財務目標，並提供投資建議。例如，Personal Capital 和 Mint 都提供了全面的財務規劃服務。

8. 股票交易平台：這些平台提供了一個場所，讓投資者可以買賣 ETF和其他證券。例如，Robinhood、E*TRADE 和 TD Ameritrade 都提供了用戶友好的交易平台。

9. 稅務軟體：這些軟體可以幫助投資者管理他們的投資稅務，並提供稅務優化策略。例如，TurboTax 和 H&R Block 都提供了專門針對投資者的稅務服務。

這些工具都可以幫助投資者更有效地管理他們的 ETF投資組合，並提供實時的市場數據和分析。然而，每個投資者的需求和情況都是獨特的，因此在選擇使用這些工具時，你應該根據你自己的需求和情況來做出決定。

第十章
實戰案例分析

10.1 成功的 ETF案例

案例 1：SPDR S&P 500 ETF（SPY）

　　SPY是一種被動式交易所交易基金，追蹤標準普爾 500指數的表現。它由 State Street Global Advisors，一家領先的資產管理公司開發，並於 1993年 1月 22日首次在市場上推出。SPY為投資者提供了一種簡單且成本效益高的方式，以獲得對廣泛的美國股市的曝光，因為它持有一籃子代表整體市場的 500家大型股票。該基金的費用比率非常低，僅為 0.09%，這意味著擁有和持有該基金相對便宜。此外，SPY具有高度流動性，並在主要交易所上市，使其易於按需買賣。SPY是希望多元化投資組合並利用股市長期增長潛力的投資者的熱門選擇。

　　在過去的 10年中，SPY的年化回報率為 12.21%，5年回報率為 11.09%，並在過去一年中獲得了 5.8%的回報。這些數據顯示，SPY為投資者提供了穩定且可觀的回報，並且在長期投資中表現出色。

　　然而，儘管 SPY的表現優秀，但投資者仍需要注意其風險。例如，SPY

的最大回撤為 -55.19%，這意味著在過去的一段時間內，投資者可能會面臨大幅的資本損失。此外，SPY的波動性在過去 10年為 17.51%，在過去 5年為 21.4%，價格有機會劇烈波動。

　　儘管存在這些風險，但 SPY仍然是一個成功的 ETF投資案例，因為它為投資者提供了一種簡單且成本效益高的方式，廣泛的投資在美國股市，並在長期投資中獲得了穩定且可觀的回報。

案例 2：Invesco QQQ Trust（QQQ）

　　QQQ是一種被動式交易所交易基金，追蹤納斯達克 100指數的表現。它由 Invesco，一家全球領先的資產管理公司開發，並於 1999年 3月 10日首次在市場上推出。QQQ旨在為投資者提供一種簡單且成本效益高的方式，以獲得對科技為主的納斯達克 100指數的曝光，該指數由在納斯達克股票交易所上市的 100家最大的非金融公司組成。該基金持有一籃子知名的科技公司，如蘋果、亞馬遜和微軟，以及許多較小、快速成長的公司。QQQ的費用比率為 0.20%，雖然略高於一些其他的被動式 ETF，但相對於主動管理的基金來說仍然被認為是低的。此外，它具有高度的流動性，並在主要交易所上市，使其易於按需買賣。總的來說，QQQ是希望獲得科技行業高增長潛力的投資者的熱門選擇。

　　在過去的 10年中，QQQ的年化回報率為 18.35%，5年回報率為 16.07%，並在過去一年中獲得了 16.79%的回報。這些數據顯示，QQQ為投資者提供了穩定且可觀的回報，並且在長期投資中表現出色。

然而，儘管 QQQ的表現優秀，但投資者仍需要注意其風險。例如，QQQ的最大回撤為 -82.98%，這意味著在過去的一段時間內，投資者可能會面臨大幅的資本損失。此外，QQQ的波動性在過去 10年為 21.36%，在過去5年為 26.1%，這意味著投資者可能會面臨價格劇烈波動的風險。

儘管存在這些風險，但 QQQ仍然是一個成功的 ETF投資案例，因為它為投資者提供了一種簡單且成本效益高的方式，以參與投資在科技行業，並在長期投資中獲得了穩定且可觀的回報。

在選擇 ETF時，投資者需要考慮到他們的投資目標和風險承受能力。對於那些尋求高增長潛力並願意承擔相應風險的投資者，QQQ可能是一個很好的選擇。然而，對於那些尋求穩定收益並希望降低風險的投資者，可能需要選擇其他的 ETF。

此外，QQQ的成功也突顯了科技行業在當今經濟中的重要性。隨著科技行業的快速發展，投資者可以通過投資像 QQQ這樣的 ETF來獲得收益。

QQQ的成功案例顯示了 ETF投資的潛力和可能性。然而，投資者在進行投資決策時，應該充分考慮到自己的投資目標、風險承受能力和市場環境。

案例 3：ARK Innovation ETF（ARKK）

ARKK是一種由 ARK Investment Management管理的主動管理交易所交易基金。ARK Investment Management是一家專注於破壞性創新和科技的紐約資產管理公司。ARKK於 2014年 10月 31日推出，費用比率為 0.75%。

ARKK的目標是為投資者提供對涉及破格創新的多元化公司組合的投資機會，例如基因組學、能源儲存和機器人技術等領域的公司。該基金可能適合尋求高增長、高風險投資策略並願意接受投資組合可能出現重大波動的投資者。

ARKK採用自下而上、研究驅動的方法來選擇基金的底層持有物。他們尋找有潛力顛覆各自行業並提供長期增長機會的公司。

在過去的 10年中，ARKK的年化回報率為 9.93%，但在過去一年中，回報率為-3.57%。這些數據顯示，儘管ARKK在長期投資中獲得了可觀的回報，但在短期內，投資者可能會面臨價格劇烈波動的風險。

儘管 ARKK的表現出現了波動，但它仍然是一個成功的 ETF投資案例，因為它為投資者提供了一種獲得破格創新公司曝光的方式，並在長期投資中獲得了可觀的回報。

在選擇 ETF時，投資者需要考慮到他們的投資目標和風險承受能力。對於那些尋求高增長潛力並願意承擔相應風險的投資者，ARKK可能是一個很好的選擇。然而，對於那些尋求穩定收益並希望降低風險的投資者，可能需要選擇其他的 ETF。

ARKK的成功也突顯了破格創新在當今經濟中的重要性。隨著科技行業的快速發展，投資者可以通過投資像 ARKK這樣的 ETF來投資在創新公司，並從中獲得收益。

ARKK的成功案例顯示了 ETF投資的潛力和可能性。然而，投資者在進行投資決策時，應該充分考慮到自己的投資目標、風險承受能力和市場環境。主動管理的 ETF，如 ARKK，提供了一種獨特的機會，讓投資者能夠參與到最新的創新趨勢中，並從中獲得可能的收益。然而，這種投資策略也帶來了顯著的風險，需要投資者進行謹慎的風險管理。

案例 4：Vanguard Total Stock Market ETF（VTI）

VTI是一種被動式交易所交易基金，追蹤 CRSP US Total Market Index的表現。CRSP US Total Market Index是一個廣泛的指數，包括幾乎所有在美國股市上市的公司，涵蓋了市場的大型、中型和小型公司。該指數旨在為投資者提供美國股市的全面代表。

VTI由 Vanguard，一家全球領先的資產管理公司開發，並於 2001年 5月24日首次在市場上推出。VTI的目標是為投資者提供一種多元化、低成本的方式，以投資美國股市。該基金的費用比率非常低，僅為 0.03%，這使得它成為一種成本效益高的投資選擇。

在過去的 10年中，VTI的年化回報率為 11.75%，5年回報率為 10.17%，並在過去一年中獲得了 4.84%的回報。這些數據顯示，VTI為投資者提供了穩定且可觀的回報，並且在長期投資中表現出色。

然而，儘管 VTI的表現優秀，但投資者仍需要注意其風險。例如，VTI的最大回撤為 -55.45%，這意味著在過去的一段時間內，投資者可能會面臨大幅的資本損失。此外，VTI的波動性在過去 10年為 17.87%，在過去 5年為21.93%，這意味著投資者可能會面對價格劇烈波動的風險。

儘管存在這些風險，但 VTI仍然是一個成功的 ETF投資案例，因為它為投資者提供了一種簡單且成本效益高的方式，以獲得對廣泛的美國股市的曝光，並在長期投資中獲得了穩定且可觀的回報。

VTI的成功案例顯示，在選擇 ETF時，投資者需要考慮到他們的投資目標和風險承受能力。對於那些尋求多元化投資組合並希望降低風險的投資者，VTI可能是一個很好的選擇。然而，對於那些尋求高增長潛力並願意承擔相應風險的投資者，可能需要選擇其他的 ETF。

此外，VTI的成功也突顯了被動投資策略的價值。被動投資策略，如追蹤指數的 ETF，可以為投資者提供一種簡單且成本效益高的投資方式。這種策略不需要投資者進行複雜的市場分析或預測，而是讓他們能夠以低成本的方式參與市場增長。

VTI的成功案例顯示了 ETF投資的潛力和可能性。像 VTI這樣的被動式 ETF提供了一種簡單且成本效益高的方式，讓投資者能夠參與到市場的增長中，並從中獲得可能的收益。

10.2 從案例中學到的經驗與教訓

在這些成功的 ETF投資案例中，我們可以提煉出一些重要的經驗和教訓，對投資者是非常有價值的。

明確的投資目標和風險承受能力：在選擇 ETF時，投資者需要明確他們的投資目標和風險承受能力。例如，對於那些尋求高增長潛力並願意承擔相應風險的投資者，QQQ和ARKK可能是較好的選擇。然而，對於那些尋求穩定收益並希望降低風險的投資者，可能需要選擇像 VTI或 SPY這樣的ETF。

多元化的重要性：透過 ETF投資，投資者可以輕鬆地實現投資組合的多元化。例如，VTI和 SPY都提供了對廣泛的美國股市的投入，這有助於降低特定股票或行業的風險。

理解 ETF的結構和成本：投資者需要理解 ETF的結構和成本。例如，被動式 ETF通常具有較低的費用，而主動管理的 ETF可能會有較高的費用。此外，投資者還需要考慮到其他成本，如交易成本和稅務影響。

長期投資的價值：這些成功的 ETF投資案例都強調了長期投資的價值。儘管短期市場波動可能會影響 ETF的價格，但在長期投資中，這些 ETF都為投資者提供了穩定且可觀的回報。

持續監控和調整投資組合：投資者需要持續監控他們的投資組合，並根據市場條件和個人情況進行調整。例如，如果一個特定的行業或市場表現不佳，投資者可能需要重新分配他們的資產，以降低風險。

利用科技工具：在現代的投資環境中，科技工具扮演了重要的角色。這些工具可以幫助投資者追蹤 ETF的表現，分析市場趨勢，並進行資產配置。例如，許多線上平台和應用程式提供了實時的 ETF價格，以及詳細的基金資訊，如其持有的資產、費用比率和過去的表現。這些工具可以幫助投資者做出更好的投資決策。

持續學習和研究：投資是一個持續學習和研究的過程。市場環境和投資工具不斷變化，投資者需要持續學習新的知識，並研究新的投資策略。例如，新興的 ETF類型和策略，如因子投資和 ESG投資，提供了新的投資機會。投資者需要理解這些新的策略，並評估它們是否適合自己的投資目標和風險承受能力。

典型失敗的 ETF投資案例

在討論 ETF投資的成功案例時，我們也需要認識一些失敗的 ETF投資案例。這將幫助我們更全面地理解 ETF投資的風險和挑戰，並避免在未來的投資中重蹈覆轍。

一個典型的例子是美國石油基金（USO）。USO是一種商品 ETF，主要投資在原油期貨合約上。它的追蹤目標是西德州中級原油（WTI）的價格。由於原油市場的高度波動性和不確定性，以及期貨市場的結構性問題，USO的表現在過去的幾年中一直不佳。

在過去的 10年中，USO的年化回報率為 -13.39%，5年回報率為 -9.56%，並在過去一年中下跌了 28.43%。這些數據顯示，USO為投資者帶來了巨大的資本損失。此外，USO的最大回撤為 -98.19%，這意味著在過去的一段時間內，投資者面臨近乎全面的資本損失。

USO的失敗案例提供了一個重要的教訓：在選擇 ETF時，投資者需要充分理解 ETF的投資策略和風險。例如，商品 ETF，如 USO，通常具有高度的波動性和風險，並可能受到期貨市場的結構性問題的影響。因此，這種 ETF可能不適合風險承受能力較低的投資者。

重要教訓

USO的失敗案例提供了一個寶貴的學習機會，幫助投資者理解 ETF投資的風險和挑戰。以下是從這個案例中學到的一些重要教訓：

理解投資工具：在選擇 ETF時，投資者需要充分理解 ETF的投資策略和風險。例如商品 ETF通常具有高度的波動性和風險，並可能受到期貨市場的結構性問題的影響。因此，這種 ETF可能不適合風險承受能力較低的投資者。

風險管理：投資者需要定期檢查他們的投資組合，並根據市場條件和個人情況進行調整。如果一個 ETF的表現不佳，或者其風險超出了投資者的風險承受能力，投資者可能需要考慮出售該 ETF，並將資金重新分配到其他更適合的投資中。

長期視角：雖然短期的市場波動可能會影響 ETF的價格，但投資者應該保持長期的視角，並專注於他們的長期投資目標。在長期投資中，市場的波動性和風險可能會被時間的影響所抵消。

多元化：投資組合的多元化是一種重要的風險管理策略。透過持有不同類型的 ETF，投資者可以降低特定市場或行業的風險。

持續學習：投資是一個持續學習的過程。市場環境和投資工具不斷變化，投資者需要持續學習新的知識，並研究新的投資略。

透過學習這些教訓，投資者可以更好地理解 ETF投資的風險和挑戰，並避免在未來的投資中重蹈覆轍。

從討論的成功和失敗的 ETF投資案例中，我們可以得到一些重要的教訓。首先，投資者需要明確他們的投資目標和風險承受能力，並選擇符合這些目標和能力的 ETF。其次，投資者需要理解他們所選擇的 ETF的投資策略和風險，並進行持續的監控和風險管理。此外，投資者也需要利用科技工具來幫助他們追蹤 ETF的表現，分析市場趨勢，並進行資產配置。

投資是一個持續學習和研究的過程。市場環境和投資工具不斷變化，投資者需要持續學習新的知識，並研究新的投資策略。ETF投資是一種有潛力的投資工具，但也需要投資者有明確的投資目標，充分的市場理解，以及持續的學習和研究。

附錄

全球主要 ETF（截至 2023年 6月）

1. SPDR Gold Trust（GLD）：由 State Street Global Advisors發行，資產總額為 $59.23B，追蹤黃金價格。（編注：資產以美元計算，下同）

2. iShares Gold Trust（IAU）：由 Blackrock發行，資產總額為 $28.74B，也是追蹤黃金價格的 ETF。

3. Vanguard Total World Stock ETF（VT）：由 Vanguard發行，資產總額為 $27.05B，追蹤全球股票市場。

4. Vanguard FTSE Europe ETF（VGK）：由 Vanguard發行，資產總額為 $18.52B，追蹤歐洲股票市場。

5. iShares MSCI ACWI ETF（ACWI）：由 Blackrock發行，資產總額為 $16.83B，追蹤全球股票市場。

6. VanEck Gold Miners ETF（GDX）：由 VanEck發行，資產總額為 $12.58B，追蹤全球黃金礦業公司。

7. iShares Silver Trust（SLV）：由 Blackrock發行，資產總額為 $10.85B，追蹤白銀價格。

8. VanEck Semiconductor ETF（SMH）：由 VanEck發行，資產總額為 $9.19B，追蹤全球半導體公司。

9. ARK Innovation ETF（ARKK）：由 ARK發行，資產總額為 $7.70B，投資於創新科技公司。

10. FlexShares Morningstar Global Upstream Natural Resources Index Fund（GUNR）：由 Northern Trust發行，資產總額為 $6.80B，追蹤全球自然資源公司。

歐洲市場流通的主要 ETF（截至 2023年 6月）

1. iShares Core EURO STOXX 50 UCITS ETF （EUN2）：這個 ETF追蹤的是 Euro Stoxx 50指數，該指數由歐元區最大的 50家上市公司組成。該 ETF的總費用比率為 0.05%。

2. iShares Core DAX UCITS ETF （ISIN DE0005933931）：這個 ETF追蹤的是德國 DAX指數，該指數由德國最大的 30家上市公司組成。該 ETF的總費用比率為 0.16%。

3. Lyxor CAC 40 UCITS ETF（CAC）：這個 ETF追蹤的是法 CAC 40指數，該指數由法國最大的 40家上市公司組成。該 ETF的總費用比率為 0.25%。

4. iShares MSCI UK UCITS ETF （ISF）：這個 ETF追蹤的是 MSCI UK指數，該指數由英國最大的上市公司組成。該 ETF的總費用比率為 0.07%。

5. iShares EURO STOXX Banks 30-15 UCITS ETF （SX7EEX）：這個 ETF追蹤的是 Euro Stoxx Banks 30-15指數，該指數由歐元區最大的銀行股票組成。該 ETF的總費用比率為 0.51%。

6. Expat Czech PX UCITS ETF （CZX GY）：這個 ETF追蹤的是 Prague Stock Exchange （PX Index），該指數由捷克最大的上市公司組成。該 ETF的總費用比率為 1.38%。

7. Expat Romania BET-BK UCITS ETF （ROX GY）：這個 ETF追蹤的是 Bucharest Exchange Trading Benchmark Index （BET-BK Index），該指數由羅馬尼亞最大的上市公司組成。該 ETF的總費用比率為 1.38%。

8. Expat Poland WIG20 UCITS ETF （PLX GY）：這個 ETF追蹤的是 WIG20，該指數由波蘭最大的上市公司組成。該 ETF的總費用比率為

1.38%。

9. Expat Greece ASE UCITS ETF （GRX GY）：這個 ETF追蹤的是 Athens Stock Exchange General Index （ASE Index），該指數由希臘最大的上市公司組成。該 ETF的總費用比率為 1.38%。

10. Expat Czech PX UCITS ETF （CZX GY）：這個 ETF追蹤的是布拉格證券交易所的 PX指數。該指數只有 13個持有股票，其中銀行股票占總體曝光的一半。前三大持有股票是 Erste Group Bank（20.8%）、ČEZ Group（公用事業）（19.9%）和 Komerční Banka（19.4%）。

11. Expat Romania BET-BK UCITS ETF （ROX GY）：這個 ETF追蹤的是布加勒斯特交易基準指數（BET-BK Index）。BET-BK指數由 25家公司組成。目前最大的三個持有股票是 Banca Transilvania（7.6%）、OMV Petrom（7.3%）和 Fondul Proprietatea（7.2%）。

12. Expat Poland WIG20 UCITS ETF （PLX GY）：這個 ETF追蹤的是波蘭證券交易所的主要指數 WIG20。該指數由 20家公司組成。目前，最大的持有股票是波蘭普遍儲蓄銀行，占比 15.6%，其次是 Powszechny Zakład Ubezpieczeń（保險）占比 11.9%和 Polski Koncern Naftowy ORLEN（石油）占比 11.7%。

13. Expat Greece ASE UCITS ETF （GRX GY）：這個 ETF追蹤的是雅典證券交易所總指數（ASE Index）（ATHEX Composite），使用抽樣複製。ASE指數是雅典證券交易所的主要股權指數，追蹤 60家公司。

　　（以上 10-13之基金的總運營費用為 1.38%。這些 ETF都由位於索菲亞的 Expat Asset Management管理，該公司是保加利亞最大的獨立資產管理公司。）

亞洲主要 ETF列表（截至 2023年 6月）

1. iShares MSCI Japan ETF （EWJ）：這是一個追蹤 MSCI Japan Index 的 ETF，該指數由日本的大型和中型公司組成。該 ETF的總費用比率為 0.49%。

2. iShares China Large-Cap ETF （FXI）：這是一個追蹤 FTSE China 25 Index的 ETF，該指數由中國的大型公司組成。該 ETF的總費用比率為 0.74%。

3. iShares MSCI India ETF （INDA）：這是一個追蹤 MSCI India Index的 ETF，該指數由印度的大型和中型公司組成。該 ETF的總費用比率為 0.69%。

4. iShares MSCI South Korea ETF （EWY）：這是一個追蹤 MSCI South Korea Index的 ETF，該指數由南韓的大型和中型公司組成。該 ETF的總費用比率為 0.59%。在過去的一年中，該 ETF的回報率為 -0.59%，在過去的五年中，該 ETF的回報率為 -0.86%，在過去的十年中，該 ETF的回報率為 3.24%。

5. iShares MSCI Taiwan ETF （EWT）：這是一個追蹤 MSCI Taiwan Index 的 ETF，該指數由台灣的大型和中型公司組成。該 ETF的總費用比率為 0.59%。在過去的一年中，該 ETF的回報率為 -1.06%，在過去的五年中，該 ETF的回報率為 10.16%，在過去的十年中，該 ETF的回報率為 9.8%。

全球走勢較好的十隻 ETF（截至 2023年 6月）

1. SPDR S&P 500 ETF（SPY）：這是全球最大的 ETF，追蹤 S&P 500 指數，涵蓋美國 500家最大的上市公司。

2. Vanguard Total Stock Market ETF（VTI）：這個 ETF追蹤 CRSP US Total Market Index，涵蓋美國的大、中、小型公司。

3. Vanguard S&P 500 ETF（VOO）：這個 ETF追蹤 S&P 500指數。

4. Invesco QQQ Trust（QQQ）：這個 ETF追蹤 NASDAQ-100指數，主要涵蓋科技股。

5. iShares MSCI EAFE ETF（EFA）：這個 ETF追蹤 MSCI EAFE指數，涵蓋已開發市場的大型和中型股票。

6. iShares Core MSCI Emerging Markets ETF（IEMG）：這個 ETF追蹤 MSCI Emerging Markets Investable Market Index，涵蓋新興市場的大型、中型和小型股票。

7. SPDR Gold Trust（GLD）：這個 ETF追蹤黃金價格。

8. iShares MSCI Netherlands ETF（EWN）：這個 ETF追蹤 MSCI Netherlands Investable Market Index，涵蓋荷蘭的大型和中型股票。

9. Energy Select Sector SPDR Fund（XLE）：這個 ETF追蹤能源選擇性行業指數，涵蓋能源行業的公司。

10. Financial Select Sector SPDR Fund（XLF）：這個 ETF追蹤金融選擇性行業指數，涵蓋金融行業的公司。

ETF研究網站與資源推薦

1. ETF.com：這是一個全面的 ETF資訊網站，提供 ETF新聞、分析、數據和工具。網站上有一個 ETF Finder工具，可以幫助投資者找到符合他們投資目標的 ETF。

2. Morningstar：這是一個知名的投資研究公司，提供 ETF和其他投資產品的評級和分析。Morningstar的 ETF分析報告提供了 ETF的基本資訊、表現數據、風險評級和管理團隊評價。

3. Yahoo Finance：這是一個提供金融新聞、數據和分析的網站。在 Yahoo Finance上，投資者可以查詢 ETF的價格、表現、持有股票和新聞。

4. Seeking Alpha：這是一個投資社區網站，提供股票和 ETF的新聞、分析和討論。在 Seeking Alpha上，投資者可以閱讀其他投資者和分析師對 ETF的觀點和預測。

5. ETF Database（ETFdb.com）：這是一個專門的 ETF資訊網站，提供 ETF的新聞、分析、數據和工具。網站上有一個 ETF Screener工具，可以幫助投資者篩選出符合他們投資目標的 ETF。

6. iShares by BlackRock：這是全球最大的 ETF提供商 BlackRock的網站，提供該公司管理的所有 ETF的詳細資訊，包括基本資訊、表現數據、持有股票和費用。

7. Vanguard：這是另一個大型 ETF提供商的網站，提供該公司管理的所有 ETF的詳細資訊，包括基本資訊、表現數據、持有股票和費用。

8. ETF Trends：這是一個專門關注 ETF市場的新聞和分析網站。它提供了 ETF的市場趨勢、新產品和策略等資訊。

9. Bloomberg ETF IQ：這是 Bloomberg的一個專門節目，專注於 ETF市場的最新動態和分析。它還提供了一個線上平台，供投資者查詢 ETF的基本資訊和表現數據。

10. ETF Channel：這是一個提供 ETF新聞、分析和數據的網站。它還提供了一個 ETF Finder工具，可以幫助投資者找到符合他們投資目標的 ETF。

11. ETF Research Center：這是一個提供 ETF評級和分析的網站。它的評級系統基於 ETF的風險調整後回報和價值。

12. FactSet ETF Analytics：這是一個提供 ETF數據和分析的平台。它提供了 ETF的基本資訊、表現數據、風險評級和持有股票。

13. S&P Dow Jones Indices：這是一個提供指數數據和分析的網站。許多 ETF都是追蹤 S&P Dow Jones的指數，因此這個網站可以提供有關這些指數的詳細資訊。

14. ETF Book：這是一本由 ETF專家寫的書籍，提供了 ETF的基本知識和投資策略。

相關資源與工具推薦

1. ETF Screen：這是一個提供 ETF篩選工具的網站，可以幫助投資者根據特定的條件找到符合他們投資目標的 ETF。

2. ETF Database：這是一個提供 ETF數據和分析的網站，包括 ETF的基本資訊、表現數據、費用和持有股票。

3. ETF Replay：這是一個提供 ETF回測工具的網站，可以幫助投資者測試他們的 ETF投資策略。

4. Portfolio Visualizer：這是一個提供投資組合分析工具的網站，可以幫助投資者分析他們的 ETF投資組合的表現和風險。

5. Morningstar ETFInvestor：這是一個由 Morningstar提供的付費服務，提供 ETF的評級和分析，以及 ETF投資策略和建議。

6. Yahoo Finance ETF Center：這是 Yahoo Finance的一個專門板塊，提供 ETF的新聞、數據和分析。

7. ETF.com ETF University：這是 ETF.com的一個教育資源，提供 ETF的基本知識和投資策略。

8. Bloomberg Terminal：這是一個提供金融數據和分析的平台，包括 ETF的基本資訊、表現數據、費用和持有股票。

9. FactSet：這是一個提供金融數據和分析的平台，包括 ETF的基本資訊、表現數據、費用和持有股票。

10. ETF Managers Group：這是一個提供 ETF管理服務的公司，可以幫助投資者建立和管理他們的 ETF投資組合。

ETF投資的線上社群與討論區推薦

1. ETF Subreddit：Reddit是一個大型的線上社群平台，其中的 ETF版塊專門討論 ETF相關的話題。在這裡，投資者可以分享他們的投資經驗，討論 ETF的策略，並獲得其他投資者的意見和建議。
https：//www.reddit.com/r/ETFs/

2. Bogleheads Forum：這是一個由尊崇 Vanguard創始人 John Bogle投資哲學的投資者組成的社群。在這個論壇上，投資者可以討論各種投資話題，包括 ETF的選擇和策略。
https：//www.bogleheads.org/forum/

3. ETF.com Community：這是 ETF.com的社區版塊，投資者可以在這裡討論 ETF相關的話題，並獲得 ETF.com專家的回答和建議。
https：//www.etf.com/sections/blog

4. Seeking Alpha：這是一個投資社區網站，提供股票和 ETF的新聞、分析和討論。在 Seeking Alpha上，投資者可以閱讀其他投資者和分析師對 ETF的觀點和預測。https：//seekingalpha.com/

5. StockTwits：這是一個專門為投資者和交易員設計的社交媒體平台，用戶可以在平台上分享和討論他們的投資想法和策略，包括 ETF的選擇和交易。https：//stocktwits.com/

6. ETF Talk on InvestorVillage：InvestorVillage是一個投資者社區，其中的 ETF Talk版塊專門討論 ETF相關的話題。
https：//www.investorvillage.com/groups.asp?mb=19306

7. ETF Discussion on Elite Trader：Elite Trader是一個專門為交易員和投資者設計的論壇，其中有許多關於 ETF的討論。
https：//www.elitetrader.com/et/forums/etfs.52/

8. Twitter：許多 ETF專家和投資者都在 Twitter上分享他們的觀點和分析。你可以關注一些 ETF相關的標籤，如 #ETF、#ETFs等，或者關注一些知名的 ETF專家和分析師。

9. LinkedIn Groups：LinkedIn上有許多關於 ETF的專業小組，如 "ETF Network"、"ETF Experts"等。在這些小組中，你可以找到 ETF的最新資訊和專業分析，並與其他 ETF投資者交流。

10. Quora：Quora是一個問答網站，投資者可以在這裡找到許多關於 ETF的問題和答案。
https：//www.quora.com/topic/Exchange-Traded-Funds-ETFs/

詞彙表

130/30 Strategy │ **130/30 策略**：一種投資策略，允許投資組合中的多頭頭寸和空頭頭寸分別佔投資組合價值的 **130**% 和 **30**%。

Active Management │ **主動管理**：一種投資策略，基金經理進行特定投資，目標是跑贏投資基準指數。

Arbitrage │ **套利**：指某種實物資產或金融資產（在兩個或更多個的市場）出現差價格的情況下，以較低的價格買進，較高的價格賣出，從而獲取收益。**Ask Price** │ **要價**：賣方願意接受的最低價格。

Authorized Participants （**APs**）│ **授權參與者** （**AP**）：有資格參與 **ETF** 份額的創建和贖回的大型金融機構。

Basket │ **一籃子**：構成 **ETF** 的一組證券。該籃子對應於 **ETF** 追踪的指數。

Benchmark │ **基準**：衡量 **ETF** 表現的標準。對於 **ETF**，通常是一個指數。

Beta │ **貝塔**：衡量證券或投資組合對市場變動（例如指數）敏感度的指標。

Bid Price │ **出價**：買方願意為資產支付的最高價格。

Capital Gains │ **資本收益**：資產或投資的價值增加超過其購買價格。

Commodities │ **商品**：商業中使用的基本商品，可與其他同類商品互換。

Creation Units │ **增設單位**：由授權參與者增設或贖回的大宗 **ETF** 股份（通常為 **50,000** 至 **100,000** 股）。

Derivatives │ **衍生品**：其價值取決於或源自標的資產或資產組的金融證券。

Distribution Yield │ **分配收益**：如果最近的基金分配在未來保持不變，投資者將獲得的年收益。

Diversification │ **多元化**：在不同證券之間分散投資以降低風險的做法。

Dividend │ **股息**：公司向其股東支付的款項，通常以現金或額外股份的形式。

Equity ETF │ **股票 ETF**：投資於股票的 **ETF**，通常跟踪特定指數。

Exchange-Traded Fund （**ETF**）│ **交易所交易基金** （**ETF**）：一種投資基金和交易所交易產品，其股票可在證券交易所交易。

Expense Ratio │ **費用比率**：投資公司運營共同基金或 **ETF** 的成本。

Fixed Income ETF │ **固定收益 ETF**：投資於債券或其他債務證券的 **ETF**，通常追踪特定指數。

Fixed Income │ **固定收益**：一種投資類型，其實際回報率或定期收入定期收到並處於合理可預測的水平。

Fundamental Analysis │ **基本面分析**：一種通過嘗試衡量股票內在價值來評估證券的方法。

Gross Expense Ratio │ **總費用比率**：用於行政、管理、廣告和所有其他費用的基金資產的總百分比。

Hedge｜對沖：減少資產價格不利變動風險的投資。

Index｜指數：經濟或證券市場變化的統計量度。**ETF**通常追踪特定指數。

In-kind Transactions｜實物交易：涉及交換等值商品或服務的非現金交易。

Intraday Trading｜盤中交易：在一個交易日內買賣證券。**ETF**可以像個股一樣在日內交易。

K-1 Free ETF｜K-1免費 ETF：一種 **ETF**，它提供基於合夥基金的多元化，沒有 **K-1** 表格的複雜稅務報告要求。

Leverage｜槓桿：使用各種金融工具或借入資金來增加投資的潛在回報。

Leveraged ETF｜槓桿 ETF：一種使用金融衍生品和債務來放大標的指數回報的 **ETF**。

Liquidity｜流動性：在不影響資產價格的情況下，可以在市場上快速買賣資產或證券的程度。

Margin｜保證金：用於購買證券的借入資金。

Market Capitalization｜市值：公司已發行股票的總美元市值。

Market Order｜市價訂單：以當前最佳可用價格立即買賣證券的訂單。

Market Price｜市場價格：ETF 在交易所買賣的價格。

Net Asset Value（NAV）｜資產淨值：基於標的資產價值的 **ETF**的每股價值。

Open-End Fund｜開放式基金：一種對基金發行的股票數量沒有限制的共同基金。

Options Contract｜期權合約：基於標的證券價值的衍生工具，提供在特定時期內或在特定時間以商定的價格買入（買入）或賣出（賣出）證券的權利。

Options｜期權：賦予持有人權利（而非義務）以預定價格購買或出售一定數量的標的資產的合約。

Passive Management｜被動管理：一種與共同基金和交易所交易基金相關的管理方式，其中基金的投資組合反映了市場指數。

Portfolio｜投資組合：金融投資的集合，如股票、債券、商品、現金和現金等價物。

Quantitative Analysis｜定量分析：在金融中使用數學和統計方法來分析或預測市場或特定資產的行為。

Quote｜行情：股票最新交易價格等信息。

Rebalancing｜再平衡：重新調整資產組合權重以維持理想資產配置的過程。

Risk Tolerance｜風險承受能力：投資者願意承受的投資回報可變性程度。

Risk｜風險：投資的實際回報與預期不同的可能性。

Sector ETF｜行業ETF：追踪特定行業、

行業或公司類型的 **ETF**。

Securities Lending｜證券借貸：將股票、衍生品或其他證券借給投資者或公司的做法。

Swap｜掉期：一種衍生合約，雙方通過該合約交換兩種不同金融工具的現金流量或負債。

Total Return｜總回報率：在給定評估期內一項投資或一組投資的實際回報率。

Tracking Error｜跟踪誤差：**ETF** 的表現與其追蹤的標的指數的表現之間的差異。

Underlying Asset｜標的資產：衍生品價格所依據的金融資產。

Underlying Index｜標的指數：**ETF** 旨在追蹤的基準指數。

Underweight｜減持：對證券、投資組合或資產類別的評估預計將低於其基準。

Unrealized Gain/Loss｜未實現收益／損失：未平倉證券的理論收益或損失。

Value Investing｜價值投資：選擇交易價格低於其內在價值的股票的策略。

Volatility｜波動率：給定證券或市場指數的回報分散度的統計量度。

Warrant｜認股權證：賦予權利但沒有義務在到期前以特定價格買賣證券（最常見的是股權）的衍生工具。

Wash Sale｜洗售：虧本出售證券，並在之前或之後回購相同或基本相同的證券。

Weighting｜權重：選擇和分配特定指數成分的方法。

X-Efficiency｜X-效率：企業在不完全競爭條件下保持的效率程度。

X-ray｜X光：一種對投資組合持股進行深入分析以幫助了解業績驅動因素的工具。

Yield to Maturity｜到期收益率（YTM）：如果債券持有至到期，該債券的預期總回報。

Yield｜收益率：投資的收益回報，例如持有特定證券所獲得的利息或股息。

Zero Coupon Bond｜零息債券：一種不支付利息但以大幅折扣交易的債務證券，當債券以其全部面值贖回時在到期時提供利潤；與固定收益投資相關，如固定收益 **ETF**。

Zero-Beta Portfolio｜零 Beta投資組合：構建為具有零系統風險的投資組合，換句話說，**Beta**為零。